낮에 나온 반달

|권|일|주|●|수|필|집|

낮에 나온 반달

철학과현실사

추천의 글

『낮에 나온 반달』의 원고 첫째 묶음을 읽으며 우선 느낀 감상은 '조각(彫刻)을 연상케 하는 수필이구나'였다. 다시 말하면, 절차탁마(切磋琢磨)하는 조각가의 자세로 붓을 움직인 결과로 얻은 수필집이라는 첫인상이 강했다. 생각을 많이 해가며 쓴 글들의 묶음이라는 뜻도 된다.

생각을 많이 해가며 쓴 글인 까닭에 서정적인 수필보다는 이지적인 수필이 많다는 결과를 얻게 되었다. 다만 『낮에 나온 반달』의 전권을 통해서 볼 때, 서정적 수필이 아주 없는 것은 아니다. 예컨대 「7월의 빗소리」와 「호박죽」 같은 작품은 서정 수필의 수작(秀作)으로서도 손색이 없다고 평가될 수 있을 것이다.

「호박죽」의 마지막 부분을 인용해두기로 한다.

탁자 위에는 어느 결엔가 노르끄레한 호박죽이 한 그릇 놓여 있었다. 어머니 가슴에 손을 얹듯, 김이 모락모락 피어오르는 그릇 위에 가만히 손을 얹어보았다. 따뜻한 김이 손바닥에 닿아 물방울을 이루어 다시 그릇 속으로 떨어지는 것이 느껴졌다. 그것은 가슴속으로 서려와 흘러내리는 눈물방울이었다.

『낮에 나온 반달』의 저자는 자신의 의식 속에 나타난 심상(心象), 곧 자신의 생각과 느낌을 기록하는 일에 주력하고 있다. 바꾸어 말하면, 우리가 보통 '객관적'이라고 말하는 사건(事件) 또는 사물(事物)을 소재로 삼은 경우는 많지 않다. 심상 밖에 있는 외부 세계에 관한 서술이 많지 않은 가운데, 비교적 여러 차례 눈에 뜨이는 것이 있다. 저자의 가족에 관한 언급이다. 돌아가신 부모님을 회상하는 대목이 있고, 함께 살고 있는 남편과 딸아이에 대한 언급도 여기저기 눈에 뜨인다.

가족에 대한 언급은 다른 여류 수필가의 경우에도 흔히 볼 수 있다. 다만『낮에 나온 반달』의 저자의 경우는 다른 일반적 여류 수필가의 그것과는 분위기가 사뭇 다르다. 여느 여류 수필가들의 가족에 대한 언급에는 대체로 끈적끈적한 분위기가 느껴지는 경우가 많으나,『낮에 나온 반달』의 경우에는 그저 담담한 분위기가 지배적이다. 특히 선이 굵은 남편에 대하여 언급할 경우에는 마치 남의 얘기를 할 때처럼 담담한 언어를 구사하고 있다. 다른 여자들이 '행복하다'는 말을 자주 쓰는 것과는 달리 이 저자의 경우는 담담한 언어를 사용하는 가운데, 독자로 하여금 '단란하고 행복한 가정이구나' 하는 느낌을 갖도록 만든다.

대부분의 수필들은 '문장으로 그린 자화상'이라고 보는 것이 일반적 견해다. 『낮에 나온 반달』의 경우도 이 점에서는 다를 바가 없다. 다만 이 저자의 경우는 자신에 대한 평가의 시각이 다른 수필가들의 그것과 크게 다르다. 여느 수필가들의 경우에는 자기를 은근히 미화하는 경향이 강하나, 『낮에 나온 반달』의 저자의 경우는 오히려 자신의 부족한 점을 강조하는 경향이 뚜렷하다. 여기서 자신의 부족한 점을 강조한 것은 겸손의 미덕으로써 자신을 돋보이게 하고자 하는 계산에 입각한 것이 아니라, 정말 자신을 부족하다고 보았기 때문일 것이라고 생각된다. 그가 자신을 여러모로 부족하다고 본 것은 스스로 도달하고자 하는 목표를 높게 책정했기 때문이라고 여겨진다.

다섯 번째 묶음에 있는 「그렇게 작은 꿈」을 읽어보면, 이 책에 저자는 '무엇을 하든 거창한 꿈같은 것은 갖지 않는다'고 적고 있으나, 이것은 세속적인 의미의 '출세' 따위에는 별로 관심이 없다는 뜻을 말한 것으로 보인다. 다만 셋째 묶음에 실려 있는 「길든다는 것」, 「철든다는 것」, 「여자답다는 것」 등을 읽어본 독자는, 『낮에 나온 반달』의 저자가 상당히 높은 경지의 인품의 그림을 평소 마음속에 담아두고, 스스로 그런 사람이 되고 싶다는 소망을 가지고 산다는 기색을 느끼게 된다.

2007년 5월 8일

김 태 길

차 례

■ 추천의 글

1
숲 속으로 난 길

숲 속으로 난 길_15 / 정적의 빛말_20
자기 최면_24 / 착각의 집_29
공 작_33 / 사각 지대_38 / 낮에 나온 반달_42
겨울비_48 / 3월 일기_52

2
채울 내가 그러운 것은

7월의 빗소리_61 / 지금 내가 그리운 것은_65
홍 시_69 / 호박죽_72 / 헛약속_77
덤_82 / 돌아오는 길_86 / 가위바위보_91
언덕 위의 하얀 집_96

차 례

3
엽서 한 장에 실은 마음

멋있다는 것_103 / 길든다는 것_107
철든다는 것_112 / 여자답다는 것_117
신호등_122 / 숲은 보지 못하고_128
엽서 한 장에 실은 마음_133
봄 여름 가을 겨울_138 / 형광등_147

4
마음의 벤치

임시 휴업_155 / 몫_159 / 내 자리_163
하나의 처방_167 / 중심 잡기_171
전천후식_175 / 기계치, 음치, 천치_180
나만의 빈터_185 / 마음의 벤치_190

차 례

5
사라진 화살표

그렇게 작은 꿈_197 / 자명종_201
그녀의 질그릇_205 / 사라진 화살표_210
스핑크스의 점괘_214 / 스피드 퀴즈_219
동 행_223 / 아이의 친구_228

6
어머니 얼굴

달 력_235 / 보석 상자_240
환불해드립니다_245 / 저장 용량 부족_249
막간의 연출_254 / 담북장_258
어머니 얼굴_263 / 어머니 손_267
뒤바뀐 연령기_272

■ 작가의 말_277

1
숲속으로난길

숲 속으로 난 길

　서재의 책 정리를 시작한 지 두 달이 가까워온다. 그러나 앞으로 그보다 훨씬 더 긴 시간이 지나야 어느 정도 정리가 될 듯싶다. 애초부터 그렇게 간단한 일은 아닐 것이라고 막연히 걱정은 했었지만, 실제로 해보니 역시 시간과 품이 여간 드는 일이 아니다.

　무엇인가를 버리는 일, 더더구나 책을 버린다는 일은 평소 거의 생각조차 하지 못하고 살았다. 자연히 20여 년간 직접 사들이거나 남에게서 받은 것들을 그저 모아두기만 했고, 방이 드디어 그 한계에 이르렀었다. 급기야 최근에는 필요한 책을 찾으러 들어갔다가 끝내 찾지 못하거나, 책 하나를 찾으려고 여기저기 기웃기웃하다가 엉뚱한 책에 붙잡혀 시간을 다 보내게 되어 낭패스럽게 되는 일이 잦아지게 되었다. 결국 그 궁여지책으로 이제 책을 좀 정리해야겠다는 결심을 하고 시작한 일이다.

사실 내 궁핍한 어휘력 때문에 앞에서 '서재'라는 표현을 쓰긴 했지만, 솔직히 말해서 나는 그 말을 쓰는 마음이 퍽이나 편치 못하다. 여러 가지 면에서 서재라는 말이 어울릴 만한 공간도 아닐 뿐더러, 명사도 이름난 학자도 아닌 내가 그런 말을 쓰는 것이 왠지 조금 송구스럽고, 서재라는 말 자체에게도 좀 미안한 감이 들어서다. 그 방을 부를 때, 평소에도 나는 늘 '책이 있는 방', '책방'이라고 부른다. 책을 넣어두고 책을 쌓아둔 방이라는 그 표현이 더 마음에 들기 때문이다.

정리를 시작한 지 처음 보름쯤은 예정했던 날짜를 헤아리며, 진전되지 못하는 상황에 짜증이 났었다. 그러나 차츰 그런 감정이 사라져 갔다. 솔솔 다른 재미를 느꼈기 때문이다. 버릴 것인가, 그냥 둘 것인가를 가려내기 위해서는 대강이라도 책을 들추어보아야 한다. 그런데 그러는 과정에서 발목을 잡히는 일이 자꾸 생겨난 것이다. 처음에는 시계를 자꾸 들여다보며 잡힌 발목을 몇 번이나 뿌리치기도 했다. 그러면서도 어느덧 나는 발목을 잡힌 채 색다른 재미에 빠져버리게 되었다. 책 더미 사이를 비집고 간신히 엉덩이를 들이밀고 쭈그리고 앉거나 책 더미 위에 엉거주춤 앉아 내 시선을 붙잡는 글자들을 읽어가는 맛이 여간한 것이 아니었다. 어머니가 미리 장만해 감춰놓으신 명절 음식을 살짝 살짝 훔쳐 먹던 그런 맛이었다고나 할까. 아니 그것은 흙냄새와 나무 냄새가 어우러진, 비 온 뒤의 숲 속을 걷는 느낌이기도 했다.

몇 년 전, 친구들과 벼르고 별러 광릉 숲을 찾아간 적이 있었다. 여름에서 가을로 넘어서는 길목이었다. 보이는 것은 온통 나무와 잎들 뿐, 거대한 마른 스펀지가 물을 빨아들이듯, 세상의 잡다한 것은 모두 그 숲이 널따란 치마폭으로 싸안고 있었다. 제법 큰길을 벗어나 발길이 숲 속으로 들어서서 조금 내딛는 기색이기만 해도, 여기서도 또 저기서도 예쁘고 작은 오솔길들이 여기요, 여기요 하며 작은 손으로 부르는 듯한 착각이 들었다.

숲에는 널찍하고 훤한 길만 있는 것이 아니었다. 여기저기에 보일락 말락 하는 작은 오솔길이 수없이 나 있었고, 언뜻 보면 길이 아닌 듯싶다가도 발을 들여놓아 다가가 자세히 들여다보거나 발끝으로 살짝 헤쳐보면, 누군가 이미 지나간 흔적이 보이는 길도 있었다. 때로는 아무런 흔적도 보이지 않지만 왠지 한번 가보고 싶고 가볼 만하게 느껴지는 길도 많이 있었다. 그 숲길의 정경에 홀딱 빠진 우리는 당장 한마음이 되어 큰소리를 쳤다.

"1년에 한 번씩이라도 꼭 이 숲에 오자!"

유명한 대가(大家), 이름난 석학들이 쓴 책만이 집에 간직해야 할 만한 책은 아니라는 생각이 들기도 했다. 건방진 마음에 평소, "뭐 이런 책이 다 있담?" 하며 하찮게 생각했던 것이나 대수롭지 않게 생각하던 사람들의 글 속에도 내가 읽어야 하고 또 읽고 싶은 것은 수없이 많았다. 그런 것은 잘 두었다가 '언젠가 다시 차근차근히 읽어보아야지' 하며 도로 한편에 쌓아두기를 반복했다. 그 결과 애초에 의도했던 대로 밖으로 내보낼 책의 숫자는 좀체 늘어나지 않았다. 자연히 방 정리도 제대로 되지 못했다.

'언젠가 다시 차근차근히 보아야지'의 그 '언젠가'가 과연 언제가 되는지 알 수는 없다. 지금까지 책을 모아둔 것도 그런 꿈속에 있었기 때문이기도 하고, 바로 오늘이 5년 전, 10년 전, 아니 일주일 전에 생각하고 기대하던 그 '언젠가' 인지도 나 자신이 모르기 때문이다. 그러나 나는 아직도 그런 꿈을 안고 산다. 이 나이가 되도록 현실화시키지 못한 꿈을 정녕 꿈이라고 말할 수 있는 것인지, 아니면 꿈이라고 말할 수 없는 것인지 잘 알 수는 없지만, 나는 그래도 그것을 계속 꿈이라고 부르고 싶다.

책 정리를 한답시고 방에 들락거리며 나는 그날의 광릉 숲 정경이 종종 되살아나곤 했다. 책이라는 이 거대한 숲에도 미리 나 있는 길만이 아닌, 한 걸음 한 걸음 내디뎌야만 비로소 눈에 들어오는 그런 길이 수없이 있다는 것을 알아간다고나 할까. 없는 듯하지만 찬찬히 들여다보면 어딘가로 통하는, 수줍음 타는 작은 숲 속 오솔길이 보이듯, 어느 책이라도 애정을 가지고 읽어가다 보면 어디에나 새로운 길이 보였다. 또한 예전에 몇 번 갔던 길도 세월을 등에 업고 다시 또 가보면, 그때는 미처 보지 못했던 새로운 길을 만나기도 하고, 걸음의 속도를 조금만 늦추어도 지나치는 숲의 모습이 얼마나 달라지는가 하는 것도 새삼스럽게 느끼곤 했다. 또한 무심코 이끌려가다가 문득 멈추어 서서 둘레를 휘휘 돌아보면, 내가 이끌려온 길이라는 것은 늘 나 자신을 향해 가는 길이 됨을 느끼게 될 때도 많았다. 시간을 잊고 이 책 저 책을 들추는 짓은 결국 내 속에 있는 나를 찾아 헤매고 다니는 발걸음이라고 할까.

  책 정리를 한다고 오늘은 내 대신 남편이 책방으로 들어갔다. 그러나 들어간 지 벌써 몇 시간이 지났건만 그 방에선 아무런 기척도 없다. 그도 또 어느 책갈피엔가 발목을 잡혀 행복한 숲 속을 헤매고 있을 것이다.

정적의 빛깔

　민방위 날이 되어 마지막 사이렌 소리가 긴 꼬리를 끌고 사라져버리면 주위가 삽시간에 다른 세상에 온 듯 조용해진다. 평소에 우리가 얼마나 많은 소리의 벽 속에 갇혀 살아가고 있는가를 실감하게 되는 순간이기도 하다. 그러나 그 낯선 고요 속에서 나는 어쩐지 금세 불안해져서 방안에 가만히 앉아 있지를 못하고, 하던 일도 멈추고 슬며시 창문을 열고 거리를 내다보곤 한다. 온갖 소리들이 뭉텅 끊겨나간 거리는 모든 것이 정지된 듯이 보이고, 바람조차도 숨을 들이쉰 채 꼼짝도 하지 않고 있는 듯하다. 사이렌 소리의 뒤를 따라온 이 불안한 느낌은 온갖 소리들이 일상의 제자리로 모두 돌아와야 끝이 나곤 하는데, 그 정적 속에는 웬일인지 먼 기억 저편에서 아스라이 떠오르는 어린 날들의 하얀 빛깔들이 언제나 자리를 차지하고 있다.

  몇 살쯤이었을까. 냇가 둑 위에 앉아 토끼풀을 뜯어 반지를 만들고 시계도 만들고 목걸이도 팔찌도 만들다보면 뚜우우! 하고 긴 자락을 끌며 정오를 알리는 사이렌이 울려 퍼져 왔었다. 그 소리에 문득 정신이 들어 주위를 둘러보면 세상은 온통 흰빛이었다. 냇가 자갈들 위에 눈이 부시도록 쏟아져 내리던 햇살 때문이었는지도 모른다. 냇가의 크고 작은 자갈들 위에는 양잿물에 삶아서 하얗게 바래기 위하여 널어놓은 이불 호청이며 광목 필들이 출렁거리고 있었고, 내리쬐는 햇볕을 받으며 흘러가고 있는 물결의 하얀 반짝임이 더욱더 온 천지를 희게 만들어가고 있었다. 부신 눈을 들어 하늘을 올려다보면, 방죽을 따라 늘어선 나무들이 백양나무가 아니었을 텐데도 잎들은 새하얗게 일렁거리고 있었고, 나뭇가지 끝 새둥지 위에 걸려 있는 구름은 파란 하늘 아래서 내 눈에 더욱 새하얗게 보였다. 둑 아래쪽에 걸어놓은 가마솥에서 무럭무럭 쏟아져 나오던 김이 슬며시 사라져 가버리던 나지막한 앞산 등성이까지 흰 덮개를 씌운 듯했었다.

  내 어린 눈에 맨 처음 담긴 세상은 그렇게 온통 하얀 빛이었다. 좀더 자라서, 운동장 한가운데서 사방치기 놀이를 하다가 문득 올려다보던 하늘도, 담임선생님을 따라 퇴비를 만들기 위하여 풀을 베러 간 들판에서 한참 만에 허리를 펴고 둘러본 세상도 늘 하얀 빛이었다. 지금 생각하면 어린 날의 그 하얀 빛들이 먼 산 너머에 있는 바깥세상을 더욱 궁금하게 만든 것 같기도 하다.

늦은 밤, 책상머리에 앉아 있던 아이가 "집안이 너무 조용하니까 이상해" 하며 불안한 얼굴로 방에서 튀어나왔다. '조용하면 공부 잘되고 오죽이나 좋아' 하고 나는 눈을 흘겨주긴 했지만, 도시 속의 생활이라는 것이 수없이 많은 소리들과 함께 사는 것이고 보면, 그렇게 쥐어박듯 야단을 쳐야겠다는 기분은 기실 들지 않았다. 그러고 보니 텔레비전의 스위치를 끈 지도 이미 오래되었고, 밤이 깊어감에 따라 줄지어 들려오던 자동차들의 소음도 어느덧 뜸해 있었다.

오늘 아침은 채 물러서지도 않은 어둠 속에서 큰길을 달려가는 구급차의 숨 가쁜 소리로 하루가 시작되었다. 하나의 생명이 숨을 헐떡이며 비상등을 켜고 달려가는 소리가 붉은 빛깔을 토해내고 있었다. 그리고 조금 지나자 아래윗집에서 들려오는 수돗물 소리, 문 여닫는 소리, 홈통을 타고 흘러내리는 물소리, 이른 출근길에 나선 자동차들의 엔진 소리, 아무개야 빨리 나와라 학교 늦겠다며 재촉하는 소리, 많은 소리들이 제각기 다른 색깔을 뿜어대며 들려왔다. 그리고 또 얼마 있지 않아 목청의 한쪽 끝을 꽉 잡아매고 느릿

느릿 한껏 늘어난 세탁소 아저씨의 누런 소리가 지나가고, 이어서 허둥대는 연둣빛의 인터폰 소리, 야쿠르트 아줌마의 살굿빛 소리도 들려왔다. 많은 소리들이 모여들어 섞이며, 하루가 또 온갖 색깔들을 칠하기 시작했다. 그 가운데에는 때가 되면 별 볼일이 없어도 으레 들려오고 또 기다려지는 나른한 연노랑의 소리들이 있고, 소방차나 경찰 사이드카가 눈을 부릅뜨고 끼익하고 급브레이크를 잡는 자동차의 새파랗게 질린 빛깔의 소리도 있다.

수없이 많은 소리들이 머리를 들이밀어 오색의 벽을 만들었다. 그리고 나는 이제 그 가지각색 소리와 현란한 빛깔의 벽 속에서 그것들에 끼어 함께 사는 것에 너무나 익숙해져서, 정적의 하얀 빛깔은 그만 까맣게 잊어버리고 있었다. 그리고 그 속에 섞여 있는 것에 차라리 안심하고 있는 것이다.

지금에 와서 이 주름진 나이에, 어린 시절의 그 냇가엘 다시 찾아가보면, 정적의 그 하얀 빛깔을 또다시 만날 수 있을까.

자기 최면

윗저고리를 걸친 후 '기쁨'이라는 뜻의 이름을 가진 향수를 두어 방울 옷자락 끝에 뿌렸다. 오늘 따라 늘 코끝으로 번져오는 향기가 제 이름에 썩 잘 어울린다는 생각이 들었다. 제 덩치에 비해 유난스럽게 큰 이름표가 붙은 그 작은 병은 오랫동안 화장대 위에서 자리잡고 있으면서, 내 시선이 닿을 때마다 끊임없이, '내 향기는 바로 기쁨이요 환희입니다'라는 암시를 내게 전하고 있었던 모양이다. 어쨌거나 오늘은 기쁜 일이 꼭 있을 것만 같은 기분이었다.

요즈음 들어 왠지 모르게 '암시'라든가 '최면'이라는 말에 생각이 골똘해지는 일이 종종 있다. 모두가 알게 모르게 자신을 암시나 최면에 걸며 살아가는 게 아닐까 하는 생각이 들기도 한다. 오늘 아침만 해도, 집을 나서며 평소 버릇

대로 라디오에 스위치를 넣었다. 아침마다 들어서 귀에 익은 목소리가 흘러나오고 있었다.

"오늘은 음악을 듣기 전에, 이 세상에 존재하는 모든 아름다운 것에 대해 잠시 생각해보기로 해요. 별, 꽃, 가을 하늘, 여름의 뭉게구름, 노란 민들레, 촛불 앞에 서 있는 연인들, 아기의 웃음소리, 살얼음 밑으로 흐르는 물소리, 눈이 하얗게 덮인 언덕, 이슬방울을 한 입 가득 머금은 풀잎 …."

프로그램 진행자의 목소리를 따라 걸음마를 하듯 한 발 한 발 따라가다보니, 정말로 이 세상에는 아름다운 것들이 참 많구나 하는 생각이 들었다. 그런 생각에 젖어 있는데 갑자기 뒤에서 빠앙! 빵! 경적을 울려대는 차가 있었다. 나도 모르게 내 속도가 떨어져 있었던 모양이다. 자연스럽게 웃으면서 손을 흔들어 미안하다는 표시를 했다. 평소처럼, 입을 삐죽이며 눈을 흘기는 대신 웃으며 그렇게 한 자신이 스스로 생각해도 대견했다. 한창 달리다가 횡단보도도 아닌 곳을 막무가내로 건너고 있는 사람이 있어도, 나는 아무 불평도 하지 않고 당연한 듯이 기다려주었다. 진행자의 입 끝을 따라 아름다운 것들을 헤아리며 따라가다가 나도 모르게 그런 것들이 있는 세상에 어울리는 사람이 잠시 되었던 것일까.

어느 특정한 암시를 계속해서 주었을 때, 심리적으로나 신체적으로 변화가 일어나는 상태를 최면 상태라고 한다. 그러한 상태에서는 평소에 할 수 없었던 일이 가능하기도 하고, 특이한 기억이나 사고력이 생겨나기도 한다. 암시를 받은 것 이외의 의식을 백지로 만든다고나 할까. 고기를 먹었다는 암시를 계속 주었을 때 소변 속의 단백질 양이 실제로 늘어나기도 하며, '이렇게 된다, 이렇게 될 것이다'는 암시가 계속될 경우, 실제로 몸이나 팔이 공중으로 붕 뜨기도 하고, 손이나 팔이 전혀 구부러지지 않게 된다든지, 발이 땅바닥에 딱 붙어 떨어지지 않는 등, 암시를 받은 일이 정말로 현실로 나타난다고도 한다.

종교도 바로 이런 암시를 우리에게 주는 일을 하는 것이 아닐까 하는 생각을 가끔 한다. 이런저런 일로 절이나 교회, 성당 같은 곳에서 행하는 의식에 참석한 일이 여러 번 있었다. 아직까지 나에게는 이렇다 할, 특히 심취해 있는 종교가 없다. 당연히 종교라는 것에 대해서 나는 완전히 백지 상태다. 그러니 종교계에 있는 분들이나 독실한 신자들이 들으면 큰일 날 소리일 수도 있겠지만, 그런 의식에 참여하게 될 때마다 매번 나는 종교라는 것이 결국은 올바르게 살아야 구원을 받는다는 일념으로 인간을 최면 상태에 이르도록 해 마음의 평화를 주는 것이라고 생각한다.

며칠 전, S 시인이 오랜만에 전화를 걸어왔다. 요즈음 어떻게 지내느냐고 묻기에, "너무 재미가 없어요. 뭐 재미있는 일 없어요?" 했더니, 갑자기 평소의 조용한 그답지 않게 큰소리로 한참을 웃었다. 그리고 다음과 같은 이야기를 들려주었다.

　친구가 강아지 한 마리를 데려왔다고 한다. 새까맣고 아주 못생긴 어린놈이었다. 그러나 생긴 모양이 미우나 고우나 한식구가 된 이상 불러줄 이름이 필요했다. 이리저리 생각해보아도 마땅한 이름이 떠오르지 않아 그대로 며칠이 지났다. "강아지야!" 하고 부르자니, 마치 길가에서 놀고 있는 남의 집 강아지를 부르는 느낌이 들어, 이제 한식구가 된 그 놈한테 어쩐지 미안하다는 생각이 들었고, 옛날 어머니가 하시던 대로 "도꾸야!, 메리야!" 하고 부르기도 왠지 마뜩찮았다. 그렇다고 해서 "순이야, 길수야" 하기도 어딘지 껄끄러워 미적미적하고 있었다. 그렇게 며칠이 지난 어느 날, 그녀는 무릎을 쳤다. 신통한 생각이 떠올랐던 것이다. 아아! '재미'라는 이름을 붙여주자!

　"하루에 열 번이든 스무 번이든 '재미야! 재미야!' 하고 부르다보면, 정말로 재미있는 일이 생길지도 모르잖아요? 나, 정말로 기특한 생각을 한 거 아니에요?"

　그 즈음 그도 한창 사는 것이 무척이나 재미가 없다고 느끼던 참이란다. 나는 할 말이 없었다. 전화기를 붙들고 눈물이 찔끔 나도록 함께 웃었다.

　어릴 적 눈만 감으면 흔히 공상 속에서, 나는 아슬아슬하게 공중에 매달아놓은 외줄을 타는 곡예사이거나, 우우우

~ 하고 소리를 지르며 이 나무에서 저 나무로 날아 옮겨 다니는 타잔이었다. 주로 공중을 날아다니는 공상을 많이 했었다. 그러면서 나는 어느 날인가 정말로 공중을 날 수 있을지도 모른다는 엉터리 같은 기대를 끈질기게 안고 살았다. 불가능한 일인 줄 뻔히 알 만한 나이가 되어서도 나는 그 꿈의 밧줄을 놓으려 하지 않았다. 그런 꿈을 꾸면 나는 늘 행복했기 때문이었다.

그러나 이제 나는 공상 속에서나마 곡예사도 되지 못할 뿐더러, 공중을 날아다니는 타잔의 꿈같은 것은 꿀 용기조차 없다. 그 대신 이제, 향수 두어 방울 찍어 바르며, 그 이름에 걸맞는 하루가 될 것이라고 줄기차게 믿으려 한다.

착각의 집

3월 초, 아이에게 선심이라도 쓰듯 아침 일찍 운동화를 신고 집을 나섰다. 크지도 작지도 않은 어중간한 키가 행여나 작아 보일까봐, 평소에는 절대로 운동화를 신지 않던 내가 운동화를 신고 나선 것은 실로 '큰 선심'이었다. 아이가 고등학교 입학식을 치르기 전에 꼭 해보았으면 하고 손을 꼽고 있던 것들이 여럿 있었는데, 그 가운데 첫 번째가 엄마랑 과천에 있는 '서울랜드'에 가서 모든 놀이기구들을 빠짐없이 타보는 것이었다. 그 이야기를 듣는 순간, 내 키를 훌쩍 넘긴 아이의 큰 키가 새삼 쳐다보였지만, 형제 없이 자란 아이인지라 짚이는 구석이 전혀 없는 것도 아니어서 선뜻 약속을 했었다. 추위가 행방불명이 되어버렸다고 떠들어대던 겨울의 끝, 3월 초입에 들어선 햇살은 방송에서 떠들어대던 것만큼이나 이미 완연한 봄볕이었다.

　아이의 손에 끌려 구석구석을 헤집고 돌아다녔다. 여기저기서 길게 열을 서 기다려 여러 놀이기구를 타고, 아이와 함께 작은 아이가 되어 마음껏 소리를 질렀다. 그리고 우리는 마침내 '착각의 집'이라고 써붙인 곳에 이르렀다. 그런데 그 앞에서는 아이의 발걸음보다 내 발걸음이 더 빨라졌다. 놀이기구를 타고 소리를 맘껏 지르며 돌아다녀서인지 아니면 납작한 운동화 때문이었는지 나는 이미 아이가 되어 있었다. 그러나 어쨌든 근사하지 않은가? '착각의 집'이라니!

　평소에 틀림없이 자기 자신은 정상이라고 믿고 살아온 우리의 눈이나 감각을 갖은 장치와 구조물 속으로 끌어들여서 잠시나마 흩트려놓고야 말겠다는 의도로 만들어놓은 집인 듯했다. 불과 1미터 남짓 앞에 가는 사람이 아득히 멀리 가고 있는 것처럼 느껴지는가 하면, 언뜻 보면 양쪽 벽면이 맞붙어 있는 것처럼 좁아보이는 통로가 실제로 발을 들여놓아 보았더니 자신이 서 있는 곳과 똑같은 넓이이기도 했다. 자신이 팔등신의 늘씬한 미녀로 보이는 행복의 방도 있고, 퍼질 대로 푹 퍼진 작은 뚱보가 되어버린 눈물의 방도 있었다. 분명히 나는 일직선 위를 똑바로 걷고 있는데 게걸음을 하고 있는 듯 느껴지기도 했고, 아무리 기를 쓰고 사다리를 기어올라도 한 칸 이상을 더 오르지 못하는 곳도 있었다. 책상도 침대도 모든 것이 천장에 매달려 있는 거꾸로 된 방 앞에 들어섰더니, 나 혼자만이 비정상인 것 같아 물구나무라도 서야 할 것처럼 느껴졌다. 미로 같은 통로를 따라 들어가는 방마다 새로운 혼돈이 나를 집요하게 기다리고 있었다.

한참 동안 이 방 저 방을 그렇게 들락거리다가 밖으로 나왔다. 그랬더니 이번에는 조금 전까지 멀쩡하던 건물들이 갑자기 기우뚱 기울어져 있는 듯 보이고, 땅바닥이 기울어진 듯 느껴져서 자꾸 헛발을 내딛게 되었다. 몸 속의 모든 내장 기관들까지 헷갈려 하고 있는지, 속도 울렁거리고 메스꺼웠다. 3월의 따스하고 밝고 투명하던 조금 전의 햇살마저도 불투명 유리를 해의 얼굴에 덧대어놓은 듯 탁해보였다.

올해 마흔네 살이 된 친구가 일전에 친구들과 함께 한자리에서 우리를 웃긴 일이 있었다. 얼마 전 그녀는 세미나 참석차 부산에 내려가는 남편을 따라나섰다고 한다. 돌아오는 날 아침, 그녀는 호텔에서 체크아웃을 하고 짐은 그곳에 맡겨둔 채 오후 비행기를 탈 때까지 남은 시간에 시내 이곳저곳을 돌아다녔다. 그리고 출발 시간을 빠듯하게 남겨놓고 부랴부랴 호텔에 다시 들러 가방을 찾아 공항으로 갔다. 그런데 공항 데스크에서 좌석을 배정받고 짐을 부치려고 가방을 드는데, 색깔과 크기는 비슷했지만 어쩐지 자기 것이 아닌 것만 같은, 아주 낯선 느낌이 들었다. 열어 확인을 해보아야겠구나 싶어 그녀는 가방의 비밀번호를 돌렸다. 그러나 가방은 열리지 않았다. 큰일 났다! 가방이 바뀌었구나! 당황스러운 생각이 순간 머리를 스쳤다. 아침에 마구 구겨넣었던 양말이랑 속옷도 생각이 났다. 그녀는 헐레벌떡 공중전화로 달려가 호텔에 전화를 걸었다. 호텔 프런트 아가씨의 대답은, 한 시간쯤 전에 어떤 중년 부인이 와서 가져갔다는 것이었다. 다른 여자가 바꾸어간 것임에 틀림없었다. 아무래도 전화로 끝날 일이 아니라고 생각한 그녀는 호텔로 되돌아가려고 다시 가방을 집어들었다. 그런데 이상했다. 이번에는 손에 느껴지는 무게감이 틀림없이 자신의 가방이었다. 마음을 가다듬고 그녀는 다시 천천히 가방에 달려 있는 자물쇠의 숫자를 돌렸다. 가방은 쉽게 열렸다. 틀림없는 자신의 가방이었다.

"그 중년 부인이 바로 나라는 것은 생각도 못했어. 중년이라는 것은 아직도 멀리 있다고 생각하고 있었나봐."

이야기는 거기에서 끝이 났다. 우리는 눈가의 주름에 눈물이 홍건히 고일 때까지 웃고 또 웃었다.

해질녘이 되어서야 서울랜드의 문을 나서, 녹초가 된 몸을 시트에 던져놓고 눈을 감았다. 문득, 살아간다는 일은 착각의 집을 반복해서 드나드는 짓인지도 모른다는 생각이 들었다. 나는 지금 어떤 착각의 방 속을 걷고 있는 것일까.

공 작

　가끔 궁금하거나 아쉬운 일이 생기면 인터넷에 들어가 여기저기를 기웃거리게 된다. 그러다 보면 그 중 어떤 곳에서든 내게 필요한 정보나 수단을 발견하게 되어 대부분 쉽게 목적을 달성할 수가 있다. 그러나 그 중에는 문패만 그럴 듯하게 붙은 아주 엉뚱한 개인 홈페이지도 많다. 언젠가는 '캔디 캔디'라는 이름이 달린 것이 있기에 딸아이가 어릴 적에 좋아했던 「캔디」라는 만화에 관한 무슨 정보라도 모아놓았나 하고 반색을 하며 클릭을 해보았더니, 알록달록한 온갖 모양의 사탕 그림을 잔뜩 그려놓고 '나는 사탕을 무척 좋아합니다' 하는, 도대체가 정체를 알 수 없는 사람의, 아무래도 좋을 자기 고백뿐이었다.
　이런 것을 볼 때마다 사람들이 왜 이런 일을 하는지 까닭을 모르겠어서 그저 웃음부터 나온다. 불특정 다수의 사람들을 상대로 나를 알려야 하는 사람들, 정치인이나 연예인 그리고 자타가 공인하는 특이한 능력을 가진 사람이나 혼자만 알고 있기에는 너무나 아까운 재주가 있는 사람들, 그런 사람들이 이런 식으로 자신의 날개를 펼쳐보인 것은 이해가 가고 또 때로는 고맙기까지 하다. 그러나 이 고샅 저 고샅을 아무리 살펴보아도, 그야말로 '예쁘지도 아무렇지도 않은' 그런 보통 사람이 자기의 사진을 실어놓고 프로필을 올리고, 자신의 취미와 좋아하고 싫어하는 음식이라든가 색깔, 심지어 자기의 일기장까지 올려놓기도 한다. 이건 완전히, "나는 손가락이 열 개랍니다. 발가락도 열 개나 있구요" 하는 식이다.

그런 것 가운데는 약간 색다른 것도 있다. 자동차 세일을 한다는 어떤 남자가 자기의 전화 번호와 사진을 올려놓으면서 그 옆에 자기의 애인이라며 어떤 여인의 사진까지 함께 게시해둔 것이 있었다. 그것이 자동차 세일과 무슨 연관이 있는지, 아니면 무릇 세상의 사람들이여, 이 여인이 바로 내 여인이니 절대 손대지 마시라 하는 뜻인지 한동안 어안이 벙벙했다. 이렇게 해서라도 자기 홈페이지에 한 번 들어온 사람들이 자기 사이트를 기억하게 만들겠다는 것에 자동차 딜러인 그 남자의 숨은 뜻이 있지 않을까 짐작을 하고 그 벙벙하던 마음을 겨우 수습한 것은 한참이 지나고나서의 일이다.

하기야 이런 일들을 지금에 와서야 새롭게 만나는 것은 아니다. 중고등학교 시절, 쉬는 시간의 교실 풍경은 현란한 날개를 활짝 펴보이는 공작(孔雀)들의 무대였다. 주로 교내에 소문이 날 정도로 특별한 재주나 특기를 가진 애들이 틈만 생기면 앞으로 나가 날개를 펴곤 했었다. 때로는 별것도 아닌 재주를 보여주다가 "에이!" 하는 친구들의 빈정거림을 받는 애들도 있었지만, 대부분은 그래도 날개를 활짝 펴는 공작이 되었다. 꽁지깃을 바짝 세우고 여러 색깔의 무늬로 물든 날개를 한껏 펼치는 그들을 보면서 나를 포함하여 공작이 될 만한 재주도 용기도 없는 대다수의 친구들은 박수를 치는 고만고만한 구경꾼 새들이 되었다. 그러고 보면, 사람이란 누구나 공작이 되고 싶은 욕망을 얼마간은 가지고 있는 듯하다.

오래 전에 읽은 「공작(孔雀)」이라는 짧은 글이 생각난다. 내가 좋아하는 작가여서 한동안 그녀가 쓴 저작물들을 구할 수 있는 대로 구해 읽던, 일본 여성 작가의 글이었다. 작가는 어느 날 한 잡지의 '맛있는 집' 난에 소개된 곳이 마침 그녀가 살고 있는 집 바로 근처여서 일행은 없이 혼자였지만, 뭐 어떠랴 하는 생각으로 문을 열고 들어갔다. 그러나 들어서는 순간 잘못 들어왔구나 하고 느낄 만큼 분위기가 고급스러웠고, 음식값도 상당히 비싸보였다. 그러나 그렇다고 해서 차마 도로 나갈 수도 없는 일이었다. 그녀는 눈을 딱 감고 카운터에 앉아 우선 맥주 한 병을 시켰다. 그리고 맥주가 앞에 놓이기 전에 서둘러 마음속으로는 자신을 변명할 말을 찾았다. '여자가 혼자 글을 써서, 그것으로 먹고 살아간다는 건 너무나도 힘든 일이잖은가. 가끔은 이런 비싼 데 와서, 조금은 호사스럽게 내가 나 자신을 대접해도 벌은 받지 않을 거야.'

그리고 맥주잔을 거의 비웠을 때였다.

"저 신사분이 갖다드리라고 하셨어요."

주인이 맥주 한 병을 더 가져다 그녀 앞에 놓으며 말했다. 주인이 가리키는 구석 테이블에는 오십을 넘긴 듯 보이는 남자가 말끔한 차림으로 앉아 있었다. 그러나 이 작가의 기억에 전혀 없는 남자였다. 그녀가 고개를 갸우뚱하며 의아스러운 얼굴을 하자, 그 남자가 일어나 성큼성큼 다가왔다.

"저를 모르시겠습니까. 댁에도 서너 번 갔었는데요. 저는 헌 책이나 종이를 모으러 다니는 사람입니다" 하는 것이었다. 그러고 보니 기억이 나는 얼굴이었다. 허름한 주머니에서 돌돌 말린 노끈을 꺼내 묶은 잡지나 신문지 같은 것을 꽁꽁 묶어 가져가던 바로 그 아저씨였다.

"거의 매일 일이 끝나면 목욕을 하고 이곳에 와서 한잔하고 돌아갑니다."

그 말을 시작으로, 그는 폐지를 모아 자식들을 공부시킨

일이며, 작기는 하지만 새 집을 지은 일이며, 그리고 내년쯤에는 부인을 데리고 하와이로 여행을 갈 참이라는 이야기까지 하는 것이었다. 그는 그 날 밤 그녀 앞에서 꽁지깃을 활짝 편 한 마리 공작이 되었던 것이다. 그러나 그 후, 잡지나 신문지가 무릎까지 쌓여도 작가는 무언가 거북한 생각이 들어 그 남자를 다시 부르지 못했다는 내용이었다.

공작이 되어 남 앞에서 날개를 힘껏 펼쳐보이는 것이 언제나 카타르시스를 맛보게 하는 순기능만 가져다주고 끝나는 것은 아니지 않을까 하는 생각을 해본다. 그러고 보면 언젠가, 또 누구 앞에선가, 나 또한 별 볼 것도 없는 빈약한 꽁지깃을 펼쳐보이며 공작 짓을 했을 것만 같아 얼굴이 후끈 달아오른다.

사각 지대

반포대교로 막 진입하려는 참이었다. 높은 클랙슨 소리를 질러대며 택시 한 대가 스칠 듯이 옆을 휙 하고 지나갔다. 내 앞쪽으로 달려가는 차체의 뒤꽁무니가 심하게 흔들리는 것은 그 차의 운전기사가 몹시 놀랐다는 표시일 게다. 기겁한 것은 나도 마찬가지였다. 옆 거울에도, 뒷거울에도 보이는 차가 없기에, 안심하고 옆 차로로 들어서던 길이었다. 운전석에 앉아 거울을 통해 옆이나 후방을 볼 때, 전혀 보이지 않는 부분이 있다는 것을 내가 또 깜빡 잊은 것이다. 조금이라도 다른 생각을 하다보면 여지없이 저지르게 되는 실수다. 벌써 저만치 쏜살같이 달려나간 택시를 향해 나도 모르게 "미안합니다"라는 말과 함께 고개를 꾸벅했다.

그러나 다음 순간, 가슴속 어딘가에서 허기 같은 것이 느껴졌다. 자신의 실수를 스스로 별수 없이 인정해야만 할 때의 그 어지럼증에서 오는 허기일 것이다. 마음속에서 이렇게 허기를 느낄 때, 나는 종종 공중을 신나게 날아다니는 꿈을 꿀 수 있는 사람이 있을까 하는 생각을 해본다. 평소에 어떤 생각을 하면 그런 꿈을 꿀 수 있는 것일까.

시험지를 받아 들고 보니 아는 문제가 거의 없어 앞 뒷장을 수없이 뒤적이며 애태우는 꿈을 자주 꾼다. 알 듯한 문제여서 연필을 들고 달려들었는데 아무리 해도 답이 나오지 않는다. 뒷장으로 뒤집어 다른 문제를 보아도 본 적도 들어본 기억도 없는 생소한 문제뿐이다. 그런가 하면 내일이 개학날인데 숙제를 하나도 해놓지 않아 발을 동동 구르거나, 노트 검사를 하는데 노트 필기가 하나도 되어 있지 않아 막막했던 꿈도 자주 꾼다. 또 높은 곳에서 떨어지는 꿈을 꾸며 그 무중력감과 같은 절망적인 느낌이 전신을 조여오는 일도 종종 있다.

어릴 적부터 걸핏하면 등장하곤 하는 이런 애타는 꿈들은 내 나이 몇이나 되어야 내게서 떠나갈까 늘 답답했다. 시험이라는 것하고는 아무런 상관도 없는 생활이 20여 년도 훨씬 넘게 계속되고 있건만, 아직도 이런 꿈이 때때로 나타나 나를 식은땀에 젖게 한다. 분수에 맞지 않게 지나친 욕심을 탐하며 살고 있다는 이야기인지, 의식의 표면에 떠오르지는 않지만 무엇인가가 내게서 자꾸 엇나가고 있다는 것인지 알 수가 없다. 꿈을 꾸는 것은 나 자신이면서 스스로도 알 수 없고 손도 닿지 않는 내 속의 사각 지대라고 제쳐놓을 수밖에 없다.

그런데 그런 내 속의 사각 지대를 싫어도 인정해야만 하는 일들이 하나 둘 늘어가고 있다. 이제는 꿈의 문턱을 넘어 현실의 내 생활 속에 미적미적 자꾸 엉덩이를 디밀고 들어온다. 현관문을 잠그지 않고 그냥 나온 것만 같아 헐레벌떡 달려가보면 얌전히 잠겨 있는 것을 보게 되는 일도 있고, 가스 불을 끄지 않은 것만 같아 가슴이 콩닥콩닥해져서 몇 번이고 달려가 확인을 하는 일도 잦다. 많지도 않은 가족, 크지도 않은 살림이면서 단지 두어 달 전에 들여놓았던 살림살이 무엇 한 가지라도 찾아야 할 일이 생기면 우선 겁부터 앞선다. 그런데 처음에는 그렇게 눈치를 보듯 주뼛주뼛 조금씩 디밀던 엉덩이를 이제는 제집 드나들 듯 당연한 얼굴로 들이밀고 들어와 앉는다.

"여보, 내가 엊저녁에 들고 온 봉투 어디 두었어?" 하는 남편에게, "난 본 적도 없어요" 하며 눈을 똥그랗게 뜨고 딱 잡아뗀다. 그리고 나중에 보면, 현관 앞에 얌전히 놓인 문제의 대상을 발견해도 이제는 머쓱해하지도 낯설어하지도 않는다. 점점 그렇게 '내가 아닌 내가' 저지른 일 때문에 소란은 그치지 않고, 시간은 또 까맣게 질린 얼굴로 뭉텅뭉텅 잘려 저만치 달아나버린다.

세월이 훨씬 더 흐른 뒤 나이가 더 들어, 자신도 모르는 사이에 내가 나를 붙들지 못하고 놓아버리는 그런 나이의 사각 지대에 놓이게 되면 어쩌나, 생각만으로도 종종 너무 무섭다.

낮에 나온 반달

　한계령을 굽이굽이 돌아 내려온 버스는 무거운 짐 한 덩이를 풀썩 땅에 부리듯, 그렇게 우리를 정류장에 내려놓고 부~웅 소리를 내며 가볍게 떠나갔다. 오색 시외버스 정거장. 언니네 부부와 우리 둘, 이렇게 넷이 설악산 대청봉을 오르기 위해 아침 일찍 서울을 떠났다. 내설악 산자락으로 구불구불 이어진 아스팔트길은 쏟아지는 6월 중순의 뜨거운 햇살로 눈이 부시도록 하얗게 빛나고 있었다. 그 뜨거운 햇빛 한가운데 내려선 순간, 나는 몇 시간 전의 그 용기백배하던 기분과는 전혀 다른 느낌, 왠지 버려진 듯한 느낌이 드는 것을 숨길 수가 없었다. 눈앞에 다가선 무심한 듯한 대청봉의 얼굴이 내게 가한 일종의 불안감이었을 것이다. 아니 어쩌면 장시간 버스에 시달린 때문인지, 눈을 바로 뜰 수 없을 만큼 강한 햇빛 때문이었는지도 잘 알 수 없었다. "당신은 할 수 있어"라는 남편의 말 한마디에 앞뒤를 잘 생각해보지도 않고 선뜻 배낭을 메고 나선 내가 무모한 것이 아니었을까 하는 회의도 들었다.

이 더위 속에 정말로 대청봉을 올라갈 수 있을까. 게다가 우린 모두 만만치가 않은 나이다. 평균 나이가 오십 중반이니, 열 시간이 훨씬 넘을 것이라는 산행을 하기엔 고령이라면 고령이다. 그러나 어쨌거나 이미 떠나온 길, 이제 와서 이러쿵저러쿵 해봐야 눈썹 하나 꿈쩍할 남편이 아니다. 거기다 대고 이런저런 구실을 붙여보았자 헛수고요, 종내는 밑지는 장사가 될 것은 30년에 가까운 경험으로 보아 분명한지라, 나는 입을 꾹 다물고 모자를 꺼내어 머리에 푹 눌러 썼다.

이번 산행은 이른 새벽 오색에서 출발하여 대청봉을 지나 희운각 대피소와 양폭폭포를 거쳐 해가 지기 전에 설악동으로 내려가는 코스다. 컴퍼스와 줄자를 가지고 계산하는 공과대 출신 형부는 평소 우리의 산행 수준으로 보아 열네 시간은 족히 걸릴 것이라고 했고, 낭만파 기질에 이상주의자인 남편은 열 시간이면 충분할 것이라는 이상론을 폈다. 결과는 두고 볼 일이고, 우리는 우선 입구의 안내소에 들러서 이것저것 정보를 얻은 후에, 내일 아침 새벽 다섯 시부터 산행을 시작하기로 결정했다.

숙소를 정해놓고 이번 산행의 팀장격인 형부의 제안에 따라 우리는 내일을 위한 워밍업에 들어갔다. 오색 약수터를 지나 1킬로미터 정도 떨어진 거리에 있는 성국사라는 절터까지 다녀오며 다리를 일단 풀어야 한다는 계획이었다. 여관방 구석에 배낭을 풀어 던져놓고 숲길로 들어섰다. 편한 옷에 튼튼한 등산화, 거기다 등짐을 내려놓고 양손에 든 것도 아무것도 없으니 그야말로 홀가분하기 이를 데 없다. 저절로 두 팔을 앞뒤로 힘껏 휘두르며 휘휘 걷게 되었다. 비로소 열서너 시간의 산행쯤 문제가 될 것이 없다고 느껴졌다. 그러자 얼마 가지 않아, 나는 방안에 풀어놓고 온 것이 등에 짊어졌던 배낭뿐이 아니라는 것을 알게 되었다. 조금 전까지 불안 불안했던 마음 자락과 도시에 훌쩍 내려놓지 못하고 배낭과 함께 등에 짊어지고 왔던 서울의 내 일상에 얽힌 그림자들도 모두 함께 내려놓고 왔다는 것을 깨닫게 되었다고나 할까.

오색 약수터를 지나 한쪽으로 계곡을 끼고 숲 속으로 이어진 길은 나무 그림자만 한가롭게 누워 있을 뿐 6월의 녹음 아래 텅 비어 있었다. 그 휑한 공간 속에 눈에 보이는 것이라고는 바람 따라 휘휘 늘어지는 나뭇가지들의 몸짓, 발끝에 채는 초록 풀잎에서 느껴지는 작은 떨림들, 투명하게 맑은 계곡의 물 속에 잠겨 있는 6월의 하늘, 그 푸른 하늘 속에 얼핏얼핏 스쳐가는 구름 조각들. 많은 세월 동안 내가 잊고 살아온 그런 것들이 여전히 거기에서 숨을 쉬며 살아 있었다. 그런 것들을 까맣게 잊고 나는 얄팍한 내 통장을 들여다보며, '난 너무 초라해! 난 너무 추위!' 하며 늘 어깨를 움츠린 채 볼멘 표정으로 살지 않았던가 하는 깨달음 같기도 한 생각이 가슴을 파고들었다. 숲 속으로 난 길에는 앞서가는 사람의 기름진 뒤통수도 보이지 않았다. 뒤를 따라오며 떠다밀듯 걸음을 재촉하는 이도 없고, 내가 살아온 세월의 무게를 다는 추(錘)도, 골밀도(骨密度)를 측정할 기계도 없었다. 나무 사이를 아무리 헤쳐보아도 보이는 것은 오직 하늘과 바람과 나무들뿐이었다.

"이쪽으로 내려와서 이 물 한 모금만 마셔봐."

어느 틈에 내려갔는지 언니의 목소리가 계곡 아래서 나를 깨웠다. 웃으며 건네준 바가지를 받아 꿀꺽꿀꺽 물을 들이키다가 무심코 하늘을 보던 나는 나도 모르게 또 탄성을 질렀다.

"저것 좀 봐. 반달이야, 반달! 낮에 나온 반달이네!"

동요 속에 있던 낮에 나온 반달이 저만치 열린 푸른 하늘가에 선명하게 걸려 있는 것이었다.

"낮에 나~온 바~안 달은 하아~얀 바~안 달은 해~엔 님이 쓰다버린 쪼~옥박인가요…."

누구인가 먼저 노래를 시작하였다. 그리고 노랫소리는 금세 합창으로 변해서 계곡 속으로 퍼져갔다. 계곡을 흐르는 물소리는 교실에서 크게 울리던 풍금소리였다. 주름진 얼굴도 그 속에 묻혀 흘러갔고, 쉰 목소리도 물소리와 함께 쓸려 흘러갔다. 낮에 나온 반달은 우리에게 세월의 강을 건너는 거룻배였다. 우리는 그 배에 훌쩍 올라타서 40여 년의 세월을 쉽게 건너갔다. 더구나 옆에는 함께 자란 두 살 터울의 언니가 있었다. 기억의 공유 면적이 클 수밖에 없고, 그리고 그것이 굉장한 몫을 했다. 우리는 쉽게 유년의 땅, 그 평화롭고 욕심 없던 열두어 살로 돌아갔다. 거기에서 나는 이미 이 세상에는 계시지 않는 젊으신 어머니의 얼굴도 만날 수가 있었고, 근시 안경 너머로 늘 말없이 바라보시던 아버지도 뵐 수가 있었다. 까까중머리의 오빠들, 그리고 재작년에 먼저 저 세상으로 간 막내 동생도 만날 수 있었다. 진한 그리움들이 아릿하게 가슴을 파고들었다.

밖에서 저녁 식사를 끝내고 여관으로 돌아왔지만, 우리는 여전히 세월의 강 저쪽에 머물러 있었다. 아무도 되돌아오는 배에 타려고 하지 않았다. 저녁을 먹으며 곁들인 맥주 한 잔이 세월의 강 저쪽에 머물 수 있는 숙박권이 되었다. 여관방에 여덟 개의 다리를 나란히 뻗고 벽을 기대고 앉아, 우리는 앞 다투어 머릿속에서 음악 책의 페이지를 넘기고 또 넘겼다. 「올드 블랙 조」도 나오고 "우~울 밑에 귀뚜라미 우~울던 다~알 밤에"도 나왔다. 「오 수잔나」, 「켄터키 옛집」, 「로렐라이 언덕」 들이 가사가 서로 뒤바뀌기도 하고,

상처가 많은 레코드판을 얹은 것처럼 껑충껑충 소절이 뛰어가기도 하면서 이어졌다. 그러나 아무도 그런 것을 꼬치꼬치 따지거나 수정하지 않았다. 그런 것은 이미 아무런 문제가 아니었다.

지금 생각해보면 늦은 밤까지 여관방에 울려퍼진 노래는 차라리 주문(呪文)이 아니었는지 모르겠다. 큰 의식을 앞에 두고 기원을 드리듯 모여 앉아 부르는 노래들, 주문들. 그날 밤, 나는 무엇을 위해 그토록 열심히 주문을 왼 것이었을까. 산행을 무사히 마치게 해달라는 주문만은 아니었을 것이라는 느낌이 두고두고 마음속에 맴돈다. 지금도 나는 그 소중했던 기억만이 가슴에 남아, 가끔은 자꾸자꾸 주문을 외고 싶다.

마침내 열두 시간 만에 무사히 외설악으로 내려오자, 어디까지나 보호자를 자처하던 남편이 "장하다!"라는 메달을 만들어주어야겠다고 말로 헹가래를 쳤다. 그러나 그것으로 끝냈으면 좋으련만, 언니가 마지막에 얼굴이 하얗게 되어 애를 먹었으니까 '장하다!'에서 획 하나를 떼어내고 '장하디!'라고 쓴 메달을 만들어준다는 것이다.

겨울비

거리는 온통 뿌연 색깔, 안개 같은 비가 내리고 있다. 겨울에 이렇게 내리는 비는 눈치 없이 불쑥 찾아온 불청객처럼 등을 떠밀어내고만 싶다.

그날도 오늘처럼 진종일 비가 왔다. 을씨년스럽던 12월의 찬비 속에서, 나는 고아원을 방문하는 무리 속 한 귀퉁이에 끼어 집을 나섰다. 한 시간여를 달려 꾸불꾸불한 골목을 찾아들어가 말끔하게 비질이 된 현관에 들어서자, 대여섯 명의 어린 꼬마들을 앞세운 원장이 웃는 얼굴로 우리를 맞았다. 60명이 넘는 아이들을 자식으로 키우고 있는 분은 내 또래의 평범한 아저씨였다. 자그마한 그 체구 어디에다가 그런 널찍하고 따스한 화롯불을 피우고 있는지, 언뜻 보기에 지하철이나 버스정류장 같은 곳에서 흔히 만나는 그런, '그냥 아저씨'

였다.

 어색한 절차가 대강 끝난 다음 원장은 "우리 아이들이 뭔가 자랑할 것이 있답니다" 하며 일어서서 앞장을 섰다. 북쪽으로 난 어둑어둑한 복도를 따라가던 나는 복도 끝에서 네댓 살쯤 되어보이는 또랑또랑한 눈이 우리를 빤히 보고 있는 것을 알아차렸다.

 "아가야. 너 참 예쁘구나. 지금 몇 살이니?" 괜스레 당황하여 엉겁결에 묻는 내 물음에, "나는 이제 아가가 아니에요" 하는 또렷한 대답이 돌아왔다. 아차, 내가 실수를 한 모양이었다. 울면서 보채는 아이에게 "너는 이제 아가가 아니예요" 하며 달랬을 보모들의 얼굴이 떠올랐다.

 아물어가는 상처 위에 이제 간신히 앉게 된 딱지를 내가 철없이 건드린 것은 아닐까, 혹시라도 상처가 덧나서 고생을 하게 되는 것은 아닐까 하는 두려움이 일었다. 나는 그만 도둑고양이 같은 발걸음으로 아이가 뛰어간 쪽으로 따라갔다. 원장이 얘기한 아이들의 자랑거리란, 색종이로 오려서 붙여놓은 '축 성탄'이라는 글자, 반짝이는 색색 셀로판지로 만들어 붙인 하늘의 별들, 식당임직한 곳의 의자를 모두 뒤로 밀어놓고 카세트테이프에 맞춰 따라하는 아이들의 노래와 무용 따위를 말한 것이었다.

 그러나 시간이 갈수록 내 마음은 왠지 점점 무거워져 갔다. 입을 벙긋벙긋 크게 벌리고 노래를 하는 아이들 그 누구

하고라도 눈을 맞추어보려고 애를 써도 되받아주는 눈동자를 찾지 못했다. 그렇게 작은 행사는 끝이 나버렸다.

나는 숙제를 잔뜩 안은 아이 같은 볼멘 심정이 되어 차에 올랐다. 아무리 용을 써도 그 숙제를 도저히 해낼 것 같지 않은, 절망감 같은 것이 온몸을 휘감고 있었다. 두 다리에서도 힘이 빠져나가는 느낌이었다.

자동차가 부르릉 부르릉 떠날 채비를 해도 같이 간 동료 K가 차에 올라서지를 않았다. 두리번두리번 찾다보니, 눈 언저리를 붉게 물들인 채 K가 저쪽에서 오고 있었다.

"내가 원장과 이야기를 하고 있는 동안, 후원자가 되기로 약속한 그 아이가 원장 뒤에 숨어서 내내 나를 쳐다보고 있었어. 이제나저제나 눈이 마주칠 순간을 기다리는 듯 고개를 빼고 말이야…."

그는 더 이상 말을 잇지 못하였다. "좋은 일이야" 하며 그 일을 주선하던 때의 희망에 찬 얼굴도, 이것저것 선물을 사러 돌아다닐 때의 그 활기에 차 있던 표정도 이미 아니었다.

밖에는 여전히 비가 내리고 있었다. 겨울답지 않게 포근하던 날씨 탓에 미처 눈이 되지 못하고 내리는 비 속에서, 나 또한 별수 없이 겨울에 내리는 비가 될 수밖에 없음에 가슴이 답답하게 짓눌려 왔었다.

대부분이 버려진 아이들, 아이들은 그날 밤 또 한 번 베갯잇을 적시며 뿌연 기억 속에 있는 엄마의 얼굴을, 아물어가던 상처에 다시 생채기가 나는 아픔을 겪은 것은 아니었을까. 두고두고 생각해도 아무래도 잘한 짓 같지가 않다.
 어설픈 사랑은 아무나 하는 것이 아닌 모양이다.

3월 일기

3월 2일.

 셋도 아니고 둘도 아닌, 달랑 하나뿐인 아이가 대학교 졸업식을 마치자마자 훌쩍 떠나버렸다. 10년이라고 하든가 7년쯤이라고 하든가, 확실한 기약도 없이 그저 공부를 더 하겠노라는 것이다. 진작 다진 결심이었다. 그 요지부동이던 아이도 '출구'쪽으로 돌아설 적에는 기어이 눈물을 보이고 말았다. 그러나 나는 곧 알았다. 뒤돌아 내게 등을 보이며 떠나간 것은 아이뿐이 아니며, 힘겹게 끌고 메고 간 것은 그 아이의 커다란 짐 보따리뿐이 아니라는 것을. 아이와 함께 우리의 젊은 날도 냉정하게 등을 돌리고 가버린 것이다. 빈방, 횅한 아이의 침대에 걸터앉아 남편은 저녁 반주로 들이킨 독주 두어 잔 탓인지 히잉 히잉 울었고, 나는 딱딱하게 굳어버린 위장을 연신 손바닥으로 쓸어내리며 잉잉 남편과 마주보며 울었다.

3월 7일.

그러려니 했지만 집안이 너무 적막하다. 텔레비전의 볼륨을 한껏 크게 해놓고 일부러 발소리도 쿵쾅쿵쾅 크게 하며 걸어다녀 보았다. 그래도 매한가지다. 그러나 가만히 생각해보면, 사실은 늘 그래왔던 셈이다. 아침이면 뿔뿔이 헤어졌다가 저녁이면 모여들긴 했지만, 세 사람 모두 말수가 적은 편인 우리는, 아이는 제 방에서 남편은 서재에서 나는 거실이나 안방에서 늘 각각이었기에 지금과 다를 바 없이 지내왔다. 그런데도 요사스러운 것이 사람 마음인 모양이다. 멀쩡한 날에도 마음속의 기압골에 따라, 창 밖에서는 추적추적 비가 오고 있는 착각에 젖어든다. 남아 있는 남편과 나, 이제는 급하게 할 일이 있어도 자기만의 영역으로 돌아서서 등을 보이고 들어가지 못하고 괜스레 서로 기웃기웃한다. 벌써 몇 시간째, 조간신문을 펼쳐놓고 구석 후미진 곳까지 하염없이 훑고 있는 내 곁에 남편이 다가와 장난스레 툭하고 친다. 무슨 할 말이라도? 하는 내 표정에 그이는 그냥 찌익 웃는다. 웃는 모습이 '빙긋'도 아니고 '씨—익'도 아닌 것은 그이 얼굴이 웃는다는 의중은 분명한데, 휴지통에 버려진 신문지처럼 그렇게 구겨져 있었기 때문에 달리 표현 할 재주가 없다. 차라리 '히—힛' 하고 코미디언 흉내를 내는 편이 낫겠다.

3월 12일.

부엌에서 아침 준비를 하는데 세수를 하던 남편이 욕실 쪽에서 급하게 불렀다. 성질이 워낙 급한 사람인지라 머뭇거리다가는 어떤 억울한 불똥이 튀길지 몰라 손에 묻은 물기를 채 닦지도 못하고 달려갔다.

"당신, 어젯밤에 통통하는 소리 못 들었어?"

전혀 기억에 없는 나, 무슨 소리를 하느냐는 식으로 의아해하며 쳐다보았다.

"바로 옆에서 밤새껏 통통하는 소리가 났을 텐데?"

나는 여전해 캄캄해서 고개만 옆으로 흔들었다.

"'통, 통, 통' 하며 밤새껏 내 살찌는 소리가 났을 텐데 정말 못 들었어?"

될 수 있는 대로 한 방 기거를 하자며, 나와 생활 리듬이 완전히 다른 남편이 밤늦게까지 자기 방에서 혼자 깨어 있던 버릇을 겨우 하룻밤 거르고나서 하는 말이다. 아이 생각에 눈물을 질질 짜며 쌀을 씻어 안치고 있던 나, 또 그렇게 해서 새로운 하루는 훨씬 가볍게 시작되었다. 아마도 '아빠의 심정'을 고이 싸서 '남편의 마음' 속에 감추려는 그이 식의 제스처였을 것이다.

3월 15일.

"여기 걱정은 하나도 하지 마라. 일주일에 한 번씩 엄마 데리고 영화도 보러가고 맛있는 것도 먹으러 다니고 할 테니까."

떠나기 전의 아이를 앞에 놓고 큰소리치던 남편이다. 그러나 그 야무진 계획은 그 말이 나왔을 때 내가 우려한 대로 '믿거나 말거나'가 되어버렸다. 그러나 이상한 것은 그 말을 들었을 때도 그렇고 또 지금도, 그것이 실행되느냐 못 되느냐 하는 것보다는 그 말이 어디선가 익히 들었던 말인 것 같아 고개가 갸우뚱해졌다. 그런데 마침내 어젯밤, 숙제는 쉽게 해결되었다. 텔레비전 드라마 속 한 장면이 내게 무릎을 치게 했다. 새신랑이 장인 장모 앞에서 절을 하며 말씀을 드리고 있었다.

"곱게 잘 키워 제게 주셔서 감사합니다. 이제부터는 제가 부모님 대신 잘하겠습니다. 아무 걱정하시지 마십시오."

주인공만 바뀌고 역사는 되풀이되는 모양이다. 산다는 것은 어제가 오늘에 묶이고 오늘이 내일로 이어지는 사슬 고리 모양을 하고 있는 듯하다.

남자들이란 참 불쌍한 존재라는 생각이 살짝 들었다. 하나뿐인 몸을 가지고 어쩌자고 젊어서나 나이가 들어서나 그렇게 큰 짐을 등에 져야 하는 걸까.

3월 19일.

이건 순전히 지난 연말에 신파극「굳세어라 금순아!」를 본 탓이다.

"천지가아～안에 너와 난데 변함 있으랴, 나～앞쪽아 굳세어다오, 머～언 훗날 그날이 오면 손을 잡고 울어보자, 얼싸안고 춤도 춰보자."

걸핏하면 남편의 입에서 "굳세어라 금순아" 한 가락이 튀어나온다. '금순이' 대신 남편과 아이가 나를 놀리고 싶을 때 부르는 이름, '납죽이'가 들어갔을 뿐이다. 그렇게 저렇게 세월은 가고 있다. 아이가 떠난 지도 벌써 스무 날이 되었다.

3월 24일.

편지를 부치고 우체국 문을 나설 때면 늘 조금쯤은 행복하다. 내 간절한 마음과는 달리, 너무나도 기계적이고 차가운 담당 직원의 행동에 어리둥절해지기도 하지만, 그러려면 그러라지 그게 뭐 대수랴 싶다. 열흘 후쯤이면 아이의 손에 닿을, 방금 부친 내 마음을 생각하며 너그러워진다. 부모라는 것은 자식에게 무엇 한 가지라도 주는 느낌일 때, 행복하고 안심이 되는가보다. 아이가 좋아하는 이웃나라 작가의 신간이 번역되어 나왔다는 신문 기사를 읽고 달려가 사가지고 왔다. 후딱 읽고는 서둘러 포장을 해 또 우체국

엘 간다. 떠나 있는 아이 덕분에 좀더 많은 책을 읽게 될 것 같은 예감이 든다. 새로운 가능성에 대한 기대로 조금은 흥분된다. 정말로 모든 것은 생각하기 나름인가보다. 내게 남은 세월, 지금으로부터 10년이 될지 20년이 될지 그동안에 내 시선이 따라가 머무는 대상, 방향, 그런 것들이 내 삶의 색깔을 마무리해주는 것이 되지 않을까 하는 생각이 들었다. 자못 의미 있는 발견이라도 한 것 같은 기특한 하루였다.

"이가 없으면 잇몸으로 살면 되는 거지"라는 말은 2년 전 돌아가신 어머니가 생전에 자주 쓰시던 말씀 가운데 하나였다. 이제 와서 곰곰이 생각해보니, 그 말씀 중에는 층층으로 포개진 체념이라는 것들이 숨죽이며 들어 있었던 것임을 알겠다. 체념이 켜켜이 쌓이다보니 그 무게에 눌려서 어머니는 더 사시지 못한 것일까.

3월 30일.
오는 듯 마는 듯, 하루 종일 비가 내렸다.
2주 만에 한 번씩 쉬는 토요일, 아침부터 딸아이의 방, 빈 책상 앞에 앉아서 아이에게 편지를 쓰던 남편이 열한 시쯤 제법 두툼한 편지 봉투를 하나 들고 나왔다. 그리고는 월요일 아침에 부쳐도 좋을 것 같은데 굳이 오전 중에 꼭 발송하겠다고 우비를 걸치고 나선다. 아이가 떠나기 전에는 매일이라도 편지를 쓸 것같이 이야기하던 남편이 한 달

만에 이제 겨우 편지 한 통을 썼다. 그러고서는 하루라도 빨리 받아보도록 하고 싶어 평소의 게으름을 잠시 뒷전으로 돌린 것이다. 편지 봉투를 손에 들고 동네 우체국까지 긴 내리막길을 터벅터벅 걸어갈 빗속의 남편을 떠올리다보니 어디선가 책에서 읽은 것 같기도 하고 영화에서 본 것 같기도 한, 어느 늙은이의 쓸쓸한 모습과 겹쳐진다.

가는 길에 이왕이면 아이가 두고 떠났다가 편지로 보내달라고 한 금년도 제 생활 가계부도 같이 부치도록 떠맡겼다. 편지를 부치고 돌아온 남편 얼굴에는 진달래 꽃잎 두어 장 크기 만한 발그레한 미소가 모처럼 얹혀 있었다.

아이의 책상 달력은 아직 3월, 그 옆 피아노 위의 사진틀 속에서 아이는 오늘도 여전히 웃고 있다. 세월은 가고, 이제 내일모레면 4월이다.

2
지금 내가 그리운 것은

7월의 빗소태

아이가 탄 엘리베이터의 문이 닫히자마자 나는 집안으로 뛰어 들어와 북쪽으로 난 창문을 열었다. 매일 아침마다 버릇처럼 하는 일이다. 아파트 현관을 나서는 아이에게 손을 흔들어주기 위해서였다.

창 밖으로 목을 쑤욱 빼었더니 아이가 시야에 들어오기 전에 차가운 빗방울이 먼저 나를 맞았다. 아마도 내가 잠에서 깨어나기 훨씬 전부터 비는 내리고 있었던 모양이었다. 아파트 단지 안에 모양새를 갖추어 여기저기 심어놓은 나무들하며 크고 작은 정원석들이 이미 맑게 씻긴 얼굴이다. 밖에서는 비가 오는 줄도 모른 채 뻑뻑한 기분으로 잠자리에서 일어났고 그 후로도 한 시간 여를 빗소리를 전혀 듣지 못한 채 지났다는 사실에, 무언가 잔뜩 손해를 안은 듯 볼멘 심정이 되었다.

　밖의 소리가 잘 들리지 않으니 비가 오는 것을 대부분 귀를 통해서가 아니라 눈으로 먼저 알게 되는, 고층 아파트라는 내 삶의 현주소에 갑자기 정나미가 떨어지는 기분이었다. 비가 오는 소리에 잠이 깨었더라면 아침 시간 그 바쁜 손을 움직이면서도, 어쩌면 나는 한 폭의 작은 수채화를 머릿속에 그리지 않았을까. 빗소리에는 무엇인가 등을 떠다미는 듯한 그리움이 섞여 있다.

　초등학교 사오 학년 때의 일인 듯싶다. 충청북도의 한 군 소재지인 옥천에 있는 학교로 전학을 간 지 얼마 되지 않았을 때였다. 여름 방학이 되기 전, 무엇을 관찰하러 그 멀리까지 갔는지 기억은 나지 않지만, 우리는 마침 인가가 없는 넓은 들 한가운데를 걷고 있었다. 그런데 아침나절만 해도 비구름을 입 속에다가 물고 우물우물하기만 하던 하늘이 점심때가 지나자 기어이 빗방울을 뱉어내기 시작한 것이다. 먼 곳에 등을 돌리고 앉아 있는 낮은 산이 보일 뿐, 사방 천지에 비를 피할 곳은, 하다못해 큰 나무 한 그루 없었다. 우리는 뛰기 시작하였다. 그러나 상당히 뛰었는데도 비를 피했다가 갈 만한 곳은 나타나지 않았고 빗줄기도 약해지지 않았다. 옷도 신발도 머리도 삽시간에 쫄딱 젖어버렸다. 게다가 좁은 논길에는 비에 흠씬 젖은 풀들이 길게 누워 있어서, 어쩌다가 그 줄기를 잘못 밟기라도 하면 미끄러지기 일쑤였다.

　그때 누군가가 논 한 모퉁이에 끼어 있는 작은 못에서 연 잎을 하나 꺾어가지고 머리 위에 썼다. 긴 줄기를 우산대인 양 받쳐 드니 그것은 영락없는 우산이었다. 우리는 너도나도 하나씩 꺾어 머리 위에 썼다. 머리카락이고 옷자락이고 이미 젖을 대로 다 젖은 후라 그것이 얼마나 비를 덜 맞게 해주는가 하는 것은 아무 의미가 없었다. 그것이 우산으로서의 역할을 하든 말든 우선 비를 가리는 시늉이라도 할 수 있다는 것만으로도 큰 위안이었다. 빗속을 달리는 것에도 어느 정도 지쳐 있었던 터라 우리의 뛰던 걸음은 자연스럽게 걷는 것으로 바뀌었다. 그에 따라 헉헉하던 호흡은 금세 가라앉았다. 그러자 그 고요를 틈타 한 순간 퍽하고 귀가 열리는 느낌이 들더니 그때까지 들리지 않던 새로운 소리가 들려오는 것이었다. 그것은 머리 위에 쓴 연잎 위로 떨어지는 빗소리였다. 또도독 똑 또독, 빗방울이 떨어지는 연잎의 부위에 따라 그 소리는 강약과 고저를 적당히 띠고 들려왔다. 그러자 그 소리에 박자를 맞추듯, 누가 먼저랄 것도 없이 우리는 노래를 부르기 시작했다. 교실 안에서 부르던 노래가 총 동원되었고, 그 당시 한창 라디오를 통해 인기를 끌던「오부자의 노래」같은 유행가들도 등장했다. 그러다보니 연잎 위에 떨어지는 빗소리는 여지없는 리듬악기였다. 빗소리가 커지면 우리도 목청을 높였다. 그러나 아무리 목청을 뽑아도 너무 크다는 느낌이 들지 않았다. 소리는 작은 산모롱이를 돌기도 전에 어딘가로 잦아들어가 버렸다.

  7월에 오는 빗소리는, 오는 둥 마는 둥 시답잖게 내리는 나른한 봄비 소리도, 추적추적 가슴을 후벼파며 내리는 처연한 가을비 소리도 아니다. 거기엔 넘치는 활력이 들어 있다. 왕성하게 쏟아지는 그런 7월의 빗소리를 듣노라면, 지금도 나는 큰소리로 노래를 따라 부르고 싶다. 연잎을 쓰고 논길을 걸었던 그때처럼.

처음 내가 초대받은 것은

   지금 내가 가장 그리운 것은 자다가 깨어 부스스한 눈으로 하늘의 별을 보는 것입니다. 이삿짐을 가득 실은 짐 더미 속에 나도 한 덩이로 실려서, 한참을 자다가 어슴푸레 깨어나보면 까만 하늘에서는 별들이 한없이 쏟아지고 있었습니다. 멀리멀리 떠나가는 나를 따라 별들이 춤을 추며 따라오고 있었습니다. 큰 항아리를 기둥 삼아 담요를 깔고 어머니는 이삿짐 속에 내 자리를 만들어주셨습니다. 그 속에 하늘을 보고 누워서 나만을 밤새껏 좇아오는 별들과 이야기하며 실려 갔습니다. 지금 새로 이사를 가는 곳은 어떤 곳일까, 얼굴이 동그란 내 동무가 그곳에도 있을까.
   이태쯤에 한 번씩 전근을 가시는 아버지를 따라 나도 한 덩이의 짐이 되어 이사 가던 날 밤은 늘 그지없이 아름다웠습니다. 이 다음에 또 만나자고 손을 흔들며 이윽고 별들이 물러간 자리에는 어느덧 뿌우연 새벽이 와 있었습니다.

지금 내가 또 그리운 것은 미루나무가 끝도 없이 열을 서 있는 방천을 따라 풀 위를 걷는 것입니다. 그림자가 아주 기다란 미루나무여야 합니다. 뜨거운 여름날이라면 더욱 좋습니다. 짧은 치마를 입고, 하나 둘 셋 넷, 나무 그림자를 세며 한 발로 깨금발을 뛰어보고 싶습니다. 깨금발을 한참 뛰다가 숨이 가쁠 때쯤에는, 구멍이 두어 군데 뚫린 멍석을 깔고 그늘 밑에 참외 장수가 있었습니다. 속이 버얼겋게 내비치는 개구리참외를 팔고 있었습니다. 그 버얼건 색깔이 언제나 나를 행복하게 했습니다. 방천 아래에서 맨발의 그 집 아이가 배꼽이 드러난 잠방이를 입고 방아깨비랑 소금쟁이를 부지런히 잡고 있었습니다. 실처럼 가느다란 손을 내저으며, 여치 집 속에서는 그 놈들이 빤히 나를 내어다 보고 있었습니다.

지금 내가 가장 그리운 것은 저녁 어스름에 동네 앞 신작로에 나가보는 것입니다. 어둠을 가득 싣고 온 트럭들이 떠나간 자리가 다시 보고 싶습니다. 금방 내려놓은 어둠이 트럭의 꽁무니마저 삼켜버리면, 이 세상에는 오직 까아만 적막뿐, 남아 있는 것은 아무것도 없었습니다. 아무런 소리도 색깔도 없고, 아무도 오지 않는 텅 빈 길 한가운데 한동안 서보는 것이 어릴 적에는 그냥 좋았습니다.

나는 또 지금 예닐곱 살로, 할머니 댁 툇마루에 쪼그리고 앉아보고 싶습니다. 비라도 내리면 더욱 좋습니다. 그곳에 앉아 처마 끝에서 떨어지는 빗소리를 듣고 싶습니다. 쏟아지는 비라면 더할 나위가 없습니다. 커다란 빗방울들이 뜨락에 구멍을 파는 것이 보고 싶습니다. 그 옆에서는 그보다 조금 작은 빗방울들이 방아를 찧고 있기도 했습니다. 땀을 뻘뻘 흘리며 장단을 맞춰가며 방아를 찧었습니다. 마당의 큰 돌에 와 부딪혀 외마디 소리를 내며 흩어지는 빗방울도 있었습니다. 잔모래 틈새에서 귀엣말로 소곤대는 작은 빗방울의 귀여운 얼굴도, 난 무척이나 다시 보고 싶습니다.

지금 내가 또 그리운 것은 안경 너머에서 날카롭게 빛나던 아버지의 눈빛입니다. 아무런 잘못이 없어도 무엇인가를 그르치고 있는 것은 아닐까 하고, 나를 늘 마음 조이게 하던 그 눈빛입니다. 앞뒤 뜰을 분주히 오가시던 어머니의 바쁜 치맛자락 소리도 다시 듣고 싶습니다. 한 솥 가득 삶아낸 빨래를 두들기는 샘가의 어머니 방망이 소리도 그립습니다.

나는 또 모두가 돌아간 방과 후의 초등학교 빈 교실에 혼자 남아 있어보고 싶습니다. 청소가 끝나 말끔히 닦인 책상에 앉아 깨끗한 칠판에 내 꿈을 하나 둘 다시 그려보고 싶습니다.

아무도 엿보지 않는 그 비밀스런 행복을 다시 맛보고 싶습니다. 그리고 서서히 어둠이 다가와, 이윽고는 운동장에 아무것도 남아 있지 않게 될 때까지, 칠판에 그려놓은 내 꿈을 눈을 깜빡이지도 않고 지켜보고 싶습니다.

  나는 또 예닐곱 살이 되어 조그만 마당 텃밭에 들어가 이제 막 보라색 옷을 입기 시작한 어린 가지를 따서 한 입 베어 먹어보고 싶습니다. 그 아릿하고 슬픈 맛이 그립습니다.

홍 시

 가게 앞을 지나다가 진열대 위에 나란히 놓인 홍시(紅柿)의 고운 빛깔에 끌려 나도 모르게 걸음이 멈추어졌다. 속이 내비칠 것만 같이 투명하고 빠알간 빛이다. 평생 공경만 받고 살아온 안방마님의 얼굴을 닮았다고나 할까.
 주인 아저씨가 두 손으로 정성스럽게 모시듯이 올려놓은 듯, 이 놈들은 진열된 폼이 곁에 있는 다른 과일과는 사뭇 다르다. 새빨간 사과는 단단하고 당찬 모양 그대로, 늠름하기까지 한 황금색 배들은 제 몸집 그대로 턱하니 밑자리를 차지하고 위로 몇 층이고 쌓아도 좋다는 듯 여유 있는 모습이다. 마치 어릴 적 운동회 때 보던 남학생들의 텀블링을 연상시킨다. 그런가 하면 귤은 또 저희들대로 옹기종기 모여 앉아 무언가 도란도란 끊임없는 이야기를 하고 있는 듯 그 모습들이 정겹다. 그러나 이 홍시란 놈들은 그게 아니다. 행여나 상대방에게 작은 생채기라도 입히면 어떻게 하나 두려워하는 몸짓으로 다른 놈의 어깨 위에 살그머니 올라앉아 서로 조심스럽게 기대앉은 모양새다. 손가락으로 살짝 건드리기만 해도 말간 액체가 푸욱 하고 뿜어나올 듯하다.

그러고 보니, 이렇게 잘 익어 가게 앞에 나와 있는 홍시를 외면하지 않고 지나가게 된 것이 얼마 만이던가 하는 생각이 든다. 어머니가 생전에 무척이나 좋아하시던 과일, 그 어머니가 우리 곁을 떠나가시고 벌써 네 번째 가을인가보다. 어머니가 가신 후, 해마다 가을이 오면 점두에 나와 있는 홍시를 똑바로 쳐다보지 못하고 고개를 돌리거나 멀리 돌아가곤 했었다.

"아무래도 상자 밑바닥에는 터진 것이, 있게 마련이어서 낱개로는 비쌀 수밖에 없어요."

주인아저씨는 홍시 비싼 것이 자기 잘못이라도 되는 양 괜스레 미안해하며 변명을 늘어놓는다.

"그 대신 잘난 놈으로 골라드리리다."

이 놈 저 놈 모양새를 살피며 고르는 눈치이지만 그때부터 이미 내 귀에는 아무것도 들리지 않았다. 희미하고 둥그런 붉은 형체만이 눈에 가득 들어차는 것이었다. 터질세라 아저씨가 조심스럽게 건네주는 종이 봉지를 받아들고 돌아서는데, 기어이 울컥하며 뜨거운 덩어리가 가슴으로 넘어가는 소리가 들린다.

 아! 시간은 서서히 내게서 어머니를 빼앗아가고 있는 모양이다. 매정한 것이 이러다가 영영 어머니를 내게서 더 멀리 데려가버리는 것은 아닐까.

 홍시를 받아든 손끝이 무척이나 서러웠다. 어머니는 지금 어디 메쯤 계신 것일까.

호박죽

그림 동화책에나 자주 등장하는 늙은 호박을 요즈음엔 길가의 가게 앞에서도 가끔 무더기로 볼 수 있다. 생활 속에서는 그 모습조차 옛날 일로 까맣게 잊혀져 있던 것이 한 이태쯤 전부터 눈에 띄기 시작하더니 올해는 부쩍 거리의 흔한 풍물로 등장하였다. 요즈음 유행처럼 번지는, '옛것을 더듬어 되찾자'라는, 보이지 않는 기운에 얹혀 새롭게 나타난 것들, 그 가운데 하나이겠지만 '부기를 빠지게 하고 여성 미용에도 좋다'는 그 호박 맛만큼이나 달착지근한 뒷소리들이 새벽녘 안개 퍼지듯 번져가며 찾는 사람들이 많아졌나보다. 그런 낌새를 재빠르게 눈치 챈, 눈이 밝은 상인들이 호박죽을 쑤어서 판다고 메뉴 속에 끼워 내놓는 곳도 수월찮게 생겼다. 유행 속에 물들어가듯 나 또한 자신도 모르는 사이에 호박죽을 청하며 자리를 잡는 때가 종종 있다.

오늘 낮에도 볼일이 있어 시내에 나갔다가 점심때를 지내고, 달리 먹고 싶은 것도 생각나지 않아 아픈 다리도 쉴 겸, '호박죽'이라고 써 붙여놓은 가게 안으로 들어갔다. 죽이 나오기를 기다리는 동안 담황색의 둥그런 호박이 가게 구석에 쌓여 있는 것을 보다가 난 갑자기 뒤통수를 한 대 힘껏 얻어맞은 듯한 느낌이 들었다.

"호박하고 찹쌀가루, 콩 모두 준비해놓았으니까 시간이 날 때 언제라도 오려무나. 호박범벅이 먹고 싶다고 했잖냐?"

수화기 저쪽에서 떨려오던 어머니의 목소리를 기억해낸 것이다.

어머니가 그 전화를 하신 것이 벌써 며칠이나 되었을까. 어머니 앞에서 호박범벅이 먹고 싶다는 말을 한 사실조차 까맣게 잊고 있다가 그 전화를 받고 당황해하는 내 목소리를 어머니가 알아차리실까봐 나는 진땀이 났다. 실로 오랜만에 나이든 자식에게 당신만의 솜씨로 해줄 것이 남아 있다는 것을 확인이라도 하신 듯, 기쁨으로 떨리는 목소리가 수화기를 통해서 가슴속으로 파고들었다. 그 떨림을 가슴으로 전해받으면서도 "내일 갈게요"나 "모레 갈게요"라고 하지 못하고, "짬을 봐서 며칠 내로 갈게요" 하고 어물쩍 대답을 하던 자신이 몹시 안타까웠던 기억이 다시금 새롭다.

그러나 울고 싶도록 더욱 쓸쓸한 마음이 되는 것은 그렇게 하고 돌아서서 나는 내가 한 그 말조차도 다시 깡그리 잊어버렸다는 점이다. 그동안 그런 일들은 그 밖에도 또 얼마나 많이 있었을까. 자식을 거두는 일에만 몰두해온 어머니가 그 자식들의 일로 하여 쉴 사이 없이 치맛자락을 스치며 내던 바람소리를 잠재우기 시작한 것은 벌써 오래 전의 이야기다. 그것은 맨 처음, 자식들이 모두 자라서 새로운 식구, 새로운 생활 속으로 떠나가는 것을 멀찌감치에서 휴우 하고 안도의 깊은 숨을 쉬며 바라보는 것에서부터 시작되었다고나 할까. 그러나 그렇게 시작되었다고 해도 얼마 동안은 집집마다 장 담가주랴, 이불 호청 빨아 꿰매주랴, 작고 큰 잔칫상 봐주랴 하고 어머니의 바쁜 걸음은 계속되었다. 그러나 그것도 이제 자식들 대부분의 나이가 중년으로 넘어가면서 하나 둘 어머니의 손끝을 떠나갔다. 평생 자식들 돌보는 일 외에는 달리 할 일을 알지 못하셨던 어머니는 당신의 무릎 가까이로 슬금슬금 다가오고 있는 그 떠남의 의미를 아무런 할 말도 준비하지 못한 채, 썰렁한 빈 가슴으로 받아 안으셔야 했으리라.

아무 때라도 전화를 걸어서 "엄마, 이건 어떻게 해요" 하고 숨 가쁘게 묻거나, "엄마, 오늘 좀 도와주세요!" 하고 어리광 섞인 청을 드리던 것이 모두 옛일이 되어버렸다. 이제는 오히려 어머니 쪽에서 "애야, 이건 어떻게 할까?" 하고 물어오시는 횟수가 늘어간 것이다. 철따라 할 일을 찾아 분주하시던, 어머니를 에워싸고 있던 공기는 점점 적막에 가까운 것이 되어 가라앉아 갔다.

그런 어머니에게 무심코, 그 자리의 기분에 따라 휙 던져버리고 온 말 한마디가, 또 그렇게 해놓고는 그런 말을 했던 것조차도 잊어버린 것들이 어머니 귀에는 훨씬 크게, 때로는 몇 겹의 메아리를 만들며 반복해서 울렸으리라 하는 것쯤은 조금만이라도 어머니를 향해 가슴을 열면 금방이라도 깨닫게 되련만.

얼마 전 형제들이 모인 자리에서 누군가가 "요즈음이 바로 호박범벅 먹는 철이잖아?" 했고, 우리들은 모두 흘러간 가요라도 한 소절 따라 부르듯, 그래그래 하며 옛일을 그리워했었다. 그러나 그때만 해도 어머니는 "그런 것을 지금 해봤자 누가 먹겠니? 먹을 게 변변치 않았던 때의 이야기지" 하시며 대수롭지 않게 말씀하셨고, 우리들 또한 코미디 속의 우스갯말이라도 한마디 따라하기라도 한 것같이 가볍게 잊어버렸었다.

그러나 어머니는 우리들의 흥얼거림을 재빨리 당신의 옷섶으로 끌어당기신 모양이다. 그리고 '혹시나' 하는 기대로 가벼워진 발걸음으로 수없이 계단을 오르내리며 그것들을 준비하셨을 게다. 늙은 호박을 사러 가실 때는 침을 꿀꺽하고 삼키던 어린아이들의 얼굴을 떠올리셨을지도 모르고, 방앗간으로 가실 때는 젊은 날 당신의 치맛자락이 바쁘게 스치던 소리를 다시 들으셨는지도 모른다. 희미하게 수화기 저쪽에서 전해오던 떨림의 의미가 바로 그 행복했던 어머니의 며칠간을 말해주는 것이 아니었던가.

그러나 무심코 던진 우리의 한마디 말이 며칠씩이나 어머니를 행복하게 하는 일이 있듯이, 어느 날인가 또 바람소리처럼 흘려버린 다른 한마디 말이 어머니 가슴에 깊이 상처를 내고 슬프게 한 일도 있었을 것이다. 그리고 또 얼마나 많은 우리의 무심한 행동들이 쇠잔해져 무력해진 어머니를 더 깊은 실의의 늪 속으로 밀어넣었을 것인가.

탁자 위에는 어느 결엔가 노르끄레한 호박죽이 한 그릇 놓여 있었다. 어머니 가슴에 손을 얹듯, 김이 모락모락 피어오르는 그릇 위에 가만히 손을 얹어보았다. 따뜻한 김이 손바닥에 닿아 물방울을 이루어 다시 그릇 속으로 떨어지는 것이 느껴졌다. 그것은 가슴속으로 서려와 흘러내리는 눈물방울이었다.

헛약속

'딸의 약속.'

벌써 몇 번째이던가. 아버지 앞에서 나는 또다시 영락없는 거짓말쟁이가 되어버렸다. 정말이지 애초부터 그럴 마음은 티끌만큼도 없었다. 나는 단지, 내가 한 말 같은 것은 까맣게 잊고, 여름날 오수에 젖듯 그렇게 내 작은 일상의 울, 그 나른한 고요 속에 잠겨 있었다. 적어도 아버지의 그 전화를 받기 전까지만은 분명히 그랬었다. 그러나 아버지의 전화가 오수에 젖어 있는 나를 흔들어 깨웠다.

"할머니 제삿날을 알려달라고 했잖느냐. 내일이 바로 네 할머님 제사를 모시는 날이다."

참석을 하겠다든가, 할 수가 없겠다든가, 그런 내 대답을 미처 들으시지도 않고 아버지는 전화를 끊으셨다. 짐짓 아무렇지도 않으신 듯, "네가 알아서 하렴"이라는 말씀뿐이었다. 수화기 저편에서 아버지는 내가 당황스러워하며 어물어물하는 것을 훤히 보시기라도 하신 듯했다. 아니 처음부터 이렇게 될 줄 아셨을 것이다.

두어 달 전, 찾아뵙던 날이었다. 오후 두 시가 조금 넘은 시각에 현관문을 들어서자, 정남향이라고 할 수 없는 집 거실에서 햇살은 서서히 힘을 거두어가고 있었다. 그 비껴가는 햇빛 속에 노르께한 굵은 모시옷들이 거실 가득 펼쳐져 있었고, 둥근 어깨와 굽은 허리를 더욱 둥글게 오므라뜨린 어머니가 그것들을 손질하고 계셨다. 아버지의 도포, 두루마기, 바지저고리, 두건, 행전, 그런 것들이었다.

"내일모레가 느이 증조할아버지 제삿날이란다. 이 애비한테는 할아버님이시지. 풍채가 굉장하셨어. 엄하시기는 또 얼마나 엄하셨는지, 모두 할아버지 앞에서는 벌벌 떨었지."

커다래진 내 눈을 의식하셨음인지, 그것들을 방안 가득 펼쳐놓으신 이유를 설명하신다. 평소보다 훨씬 낮은 음성으로, 그동안 몇 번이나 듣고 또 들어온 이야기를 새삼스럽게 또 꺼내시는 데 주저함이 없으신 것을 보니, 아침나절 어머니가 장롱 속에서 그것들을 꺼내 손질하시기 시작한 그때부터, 아마도 아버지는 이미 당신의 먼 옛날 속으로 거슬러 올라가 머물러 계셨던 듯했다. 그러나 죄송스럽게도, 증조할아버지는 내게 그저 윗대 할아버지 가운데 한 분이라는 느낌뿐, 그리움에 잠긴 아버지의 목소리를 듣고 있어도 내 가슴에 절실히 와닿지가 않았다. 그렇다고 말씀의 허리를 자를 수도 없는 일이어서 반쯤은 건성으로 듣고 있는 사이, 이번에는 내 의식의 뒤 안에서 생전의 할아버지, 할머니의 모습이 떠오르는 것이었다. 나는 큰소리로 말했다.

"아버지, 올해부터는 저도 할아버지 할머니 제사에 꼭 참석할래요."

그리고는 수첩을 꺼내 날짜에 커다란 동그라미를 그리며 호들갑을 떨었고, 그것도 모자라, "혹시 제가 또 깜빡할지도 모르니까, 하루나 이틀 전에 전화 한 번 해주셔요" 하고 다짐까지 했었다.

'딸과의 약속.'

금년에 대학 신입생이 된 딸아이는 영락없는 '요즘 아이'다. 싫고 좋은 것을 무 자르듯 하고, 자기 주장이 분명하며 때때로 한 대 쥐어박고 싶도록 고집이 세고 욕심 또한 많다. 우리 세대가 당연한 듯이 겪어온 어렵던 세월을 기회가 있을 때마다 얘기해줘도 그것은 어디까지나 백설 공주와 일곱 난쟁이 같은 옛 이야기다. 가리지 않고 제 의견을 너무도 분명히 이야기하는 것이 더러는 몹시 낯설기도 하여, 그럴 때마다 돌아서서 애꿎은 남편을 쳐다보며 "여보 쟤가 되게 건방지다, 그지?" 하고 응원을 청하듯 남편을 보고 삐죽일 뿐이다. 하고 싶은 것, 먹고 싶은 것, 보고 싶은 것도 많고 고집이 센 아이인지라 자신의 주장이나 욕심을 현실화시키기 위해 하는 짓 또한 맹렬하기까지 하다. 얼굴을 엄마 턱 밑으로 들이밀고 까꿍! 까꿍! 하고, 어릴 적 하던 짓을 해서 내 손을 들게 하거나, 끊임없이 옆구리를 간질이며 쫓아다녀 내 입에서 기어이 '응, 알았어!'라는 대답이 나오도록 한다.

 그렇게 명랑하고 늘 기세 좋던 아이가 어제는 하루 종일 입이 대자나 앞으로 튀어나온 채 말이 없었다. 어제는 바로 아이의 첫 여름 방학이 시작된 날이었다. 틀림없이, '대학생이 된 후에'라는 말로 미루어놓았던 많은 약속들이 아이의 머릿속에서 고개를 들고 아우성을 치고 있었을 것이다. 강아지를 기르고 싶어요, 내 방의 벽지 색깔을 바꿔주세요, 여기는 이렇게, 저기는 이렇게 꾸미고 싶어요, 그 팝 그룹의 라이브 공연에 데리고 간다고 약속해주세요, 아이가 새끼손가락을 내밀 때마다 나는 고개를 끄덕이며 새끼손가락을 걸었다. 그런데 막상 그 방학이 왔건만 아무것도 쉽사리 실현될 기미가 보이지 않고, 그렇다고 무턱대고 옛날의 약속만 들춰내려니 벌써 제 나이가 막무가내 제고집에 제동을 걸고 있는 것이 틀림없었다.

 그러나 이상한 것은 아이의 골난 얼굴을 보면서도 나는

괜한 약속을 너무 많이 했구나 하는 생각이 전혀 들지 않는 것이었다. 아이와 약속을 할 그 당시에 나는 이미 그 꿈이 반쯤은 이루어진 듯한 느낌에 젖어 있었기 때문이었다. 아이와 약속을 할 때면 난 늘 그 꿈속으로 미리 가보게 되었다. 약속을 하는 순간 몽실몽실한 강아지가 무릎 사이를 비집고 들어와 기어오르고 있었고, 약속을 할 때 이미 나는 팝 그룹의 라이브 공연에서 아이와 함께 열광하는 기분이 되었다. 예쁘게 새로 꾸민 아이의 침대에 걸터앉아 아이와 시시덕거리기도 하였다.

그러나 우습게도, 나는 오늘도 여전히 아버지 앞에서 무릎을 꿇은 모습으로 앉아, 또 지키지도 못할 약속을 드리고 있는 나를 그리워한다. 입이 툭 튀어나온 아이를 보면서도, 나는 왠지 내일 또 아이와 새끼손가락을 걸어 새로운 약속을 할 것만 같다.

덤

아침 식탁에서 뜨거운 국을 훌훌 마시던 남편이, "이건 순전히 덤이다, 덤이야. 내가 네 엄마와 결혼하려고 마음먹었을 때는 이런 국 솜씨가 있는 줄은 전혀 몰랐거든" 하며 딸아이에게 눈을 찡긋했다. 아마도 전날 마신 술이 아직 덜 깨었거나, 취중에 무슨 잔소리 들을 짓이나 하지 않았나 하는 계면쩍은 마음을 얼버무리려고 하는 말일 것이다.

남편의 그런 임시방편적인 한마디에 울고 웃는 나이는 이미 진작에 지난 터다. 그러나 아침 준비를 하면서, 가끔 과음하는 남편에게 퉁퉁 불어터진 내 마음을 우정 알아차리게 하려고 표시 나게 우당탕퉁탕 내보이고 있던 나는 남편의 입에서 튀어나온 '덤'이라는 말로 인해, 푹푹 쑤시던 통증이 한 방에 가라앉는 듯한 느낌이었다. 언제부터인지 알 수 없게 까마득히 잊고 살아왔고, 잊고 살고 있다는 사실조차도 잊고 살아온 '덤'이라는 말이 그립고 또 반가워서다.

생각지도 않은 푸짐한 보너스를 손에 쥐었을 때의 느낌이라고나 할까, 오랫동안 입진 않던 옷을 어쩌다 꺼내 입은 날, 무심코 주머니에 손을 넣었을 때 손에 잡히는 지폐 몇 장이 가져오던 느낌이라고나 할까. 아니 어쩌면 '덤'이라는 그 말이 남편의 의식 속에 살아 있는 어휘로 남아 있음에 몹시 놀란 느낌이라고나 할까.

40대 이후의 사람들 대개가 그러하듯, 나도 '덤'이라는 것이 모든 상거래에서 으레 따라다니던, 그런 세월 속에서 살아온 세대다. 엉성한 푸성귀야 덤으로 주는 것이 더 많아 보일 때도 있었고, 알게 모르게 덤으로 주는 것에 이끌려 단골이라는 것을 정하게 되기도 했다. 덤이라는 이름으로 내게 건네지는 분량의 무게가 바로 그 사람이 내게 갖고 있는 정의 무게라고 생각했었다. 그때나 지금이나 경제적인 면에 밝지 못한 나는, 그렇게 덤을 주고도 남는 것이 있을까 하고 걱정스러운 마음이 되던 일도 종종 있었다. 그러나 어쨌거나 그 말은 늘 가슴이 따뜻해진다거나 소리 없이 피어오르는 훈훈한 미소 같은 의미를 업고 다녔다.

지금은 사실 많은 물건들이 규격화되어 포장이 이미 되었거나 그렇지 않은 것도 대부분 저울 위로 올려져, 더도 덜도 말고 정확히 제 몸무게만큼의 액수가 적힌 종이쪽지를 기계가 뱉어내도록 되어 있다. "날씨가 추워졌지요?" "비가 많이 오네요" "덤 없어요?" 하고 이러쿵저러쿵 건넬 말이 전혀 필요 없는 시대이고 또 건넬 만한 마땅한 상대도 없다. 기계 앞에서 주뼛주뼛하며 덤이니 뭐니 하고 말을 한다면, 아마 어디 먼 우주쯤에서 온 사람 취급을 당할 것이다. 그래도 처음에는 몹시 서운하고 뭔가 손해를 보는 것만 같아, 나도 모르게 입술이 달싹달싹 했고, 손도 꼬물꼬물 하던 느낌이었다. 그러나 그것도, 세월의 흐름에 길들여져 이제는 오히려 서로 쓸데없는 신경을 소모하지 않게 되어 잘되었다고 느끼기에 이르렀다. 바쁘다, 신경 쓸 일이 많다 하며, 너나없이 자기 최면 상태에 걸려 있는 것이다. 그러다보니 덤이라는 말은, 역할이 끝난 배우가 슬그머니 무대 뒤 검은 장막 속으로 사라지듯 그렇게 사전 속으로 기어들어가 누워버린 것이다. 그리고 내게서도 그 말은 잊혀졌었다.

우연히 요즈음 어떤 드라마에 삽입되어 인기가 치솟게 되었다는 가요를 들어보았더니, '걱정거리, 그런 것도 모두 덤'이라는 구절이 있어 무릎을 쳤던 기억이 있다. 어느 유명 소설가가 만든 가사였다. 아마 그도 나처럼 덤이라는 말에 향수를 가진 사람일 것이라는 생각이 든다. 또 그런 노래가 인기를 끈 이유는 나와 같은 생각을 가진 사람이 많은 증거라고, 기분 좋은 생각을 했었다.

걱정거리도 덤이라고 생각할 수 있는 사람의 여유를 잠시 짚어본다. 아니 짚어보려고 노력했다는 말이 더 정확한 표현일 것이다. 흔히 중병을 앓고 나면 살아 있는 나날들이 온통 덤이라는 생각을 하게 된다는 이야기를 많이 듣는다. 그만큼 성숙해져 겸허한 자세가 된다는 뜻일 것이다.

내가 내 것이라고 꽁꽁 묶어 고집하고 있는 것들이나, 이것이 정확히 내 무게만큼이라고 리스트가 적힌 쪽지를 교만하게 들고 있는 것들 가운데, 어느 만큼을 덤의 몫으로 내놓으면 내 얼굴이 편안한 얼굴이 될지 잠시 생각해본다. 나는 아주 편안한 얼굴을 한, 나이 지긋한 여자이고 싶기 때문이다.

돌아오는 길

 힐끗 바라본 벽시계가 오후 네 시를 가리키고 있었다. 이제 돌아가야겠다는 소리가 아버지 말씀 중간에 비집고 들어갈 틈바구니를 찾아야 할 때다. 그러나 안달하는 내 마음과는 달리 아버지께서 하시고 싶어하는 이야기들은 모처럼 찾아온 딸 앞에서 꼬리를 물고 열을 서 있는 듯했다. 머무적머무적 거리다가 겨우 틈을 잡아, "아버지, 이제 갈래요" 한마디하고 숨을 꿀꺽 삼켰다. 그리고 나는 하릴없는 시선을 문갑 위의 가느다란 난초 잎에 주어버렸다. 가냘프다고도 차마 할 수 없을 만큼 가느다란 잎이었다.
 "조금 더 있다가 애비랑 같이 저녁 먹고 가면 안 되겠나?"
 아버지의 뜻밖의 한마디에 옆에 계시던 어머니와 나는 서로 얼굴을 마주보았다. 무의식중에 나와버린 듯한 당신의 말씀에 아버지 당신도 놀래신 듯 허허하고 멋쩍게 웃으신다. 마치 바싹 마른 수수깡이 꺾어 부러지는 소리 같은 웃음소리였다.

몇 년 전까지만 해도 딸이 시간을 느끼기도 전에, "집을 너무 오래 비우지 말고 어서 가거라. 아이가 돌아올 시간도 다 되었잖니" 하시며 서둘러 등을 밀어내시던 아버지다. 어쩌다, 남편이 출장중이어서 한껏 게으름을 피우며 집에서 저녁까지 먹고 가겠다고 나이 든 딸이 다 늦은 응석을 떨어봐도, 저녁때가 되면 여자가 제 집에 앉아 있어야지 하며 떠다밀곤 하셨다. 그때까지만 해도 내게 친정이란 마음이 환해지고 늘 따뜻한 곳이었다. 영원히 계속될 것 같은 시간이 머무는 공간이었다. 그런데 언제쯤부터인가, 나는 친정집 현관문을 들어서면서 돌아갈 시간을 가늠하고, 또 아버지의 말씀 중간에 일어설 틈을 찾지 못해 안달하는 딸이 되어버린 것이다.

"바로 또 들를게요"라는 말을 뒤로, 문을 닫고 돌아서는 발끝이 차가운 타일 바닥 위에서 허둥거린다. "바로 또 들를게요"라는 말로 변해버린 것에 스스로가 잠시 당혹함을 느낀다. '친정에 간다. 친정에 온다'에서 '들르다'는 말로 바뀌어, 그것이 자연스럽게 입 밖으로 나오게 된 것은 또 언제쯤부터였을까.

갓 결혼을 했을 때 남편은 걸핏하면, "당신은 왜 당신 집에 가지 않고 이렇게 늦게까지 여기 있지?" 하며 나를 놀렸다. 어쩌다 밖에서 함께 돌아올 때면, "당신은 저 버스를 탔어야지, 왜 이 버스에 앉아 있어?" 하고 나를 골리며 재미있어 했다. 아이가 생기기 전 몇 년간은 결혼생활에서 일어나는 모든 일은 친정에 돌아가 어머니 아버지 앞에서 재잘거릴 이야기 감이었다. "엄마 그런데 말이유"로 시작해서 시시콜콜한 이야기를 모두 끄집어내어 재잘거림으로서, 출발점에 서 있는 불안감을 씻으려고 한 것 같기도 하다. 빙긋 미소로만 듣고 계시는 아버지의 얼굴 표정을 읽어가면서 나는 서서히 나의 새로운 인생에 익어갔다.

그러던 어느 날, 나는 그때까지 살고 있던 집을 팔아야 할 것인가 팔지 말아야 할 것인가에 대한 상의를 드리러 친정엘 갔다. 그러나 두 분의 대답은, "아범이랑 잘 상의해서 너희들 생각대로 하려무나"였다. 어릴 적부터 아버지의 말씀 한마디가 바로 법이었던 내게 그것은 하나의 충격이었다. 대문 밖으로 냅다 쫓겨난, 무척이나 서러운 심정이었다. 그리고 그때 난 두 분의 힘없는 표정에서 얼핏 스쳐 지나가는 일흔의 나이를 보았다. 그때부터 습관처럼 쪼르르 달려가던 친정행도 점차 빛을 잃어가기 시작한 것 같다. 그 후, 이제는 거꾸로 점점 무엇이든 끝도 없이 이야기하고 싶어하시고 기대고 싶어하시는 두 분의 얼굴과 맞닥뜨리며 나도 비로소 내 나이를 기억해냈다. 나는 이미 아침에 떠나온 둥지를 저녁이 되면 찾아 돌아가는 새의 입장이 아님을 깨닫게 되었다고나 할까. 새로운 형태의 내 생활이 나의 새로운 둥지가 되어 내가 그 속에 깊숙이 파묻히게 되었다는 것을 알게 되었다고나 할까. 아마도 그때부터 내게 친정이란 '가는 곳'이 아니라 '들르는 곳'으로 변해버린 것 같다.

언젠가 시골에 있는 시댁에 다녀오는 길이었다. 서울로 접어들어 멀찌막이 제3한강교의 가로등 불빛이 빛나고 있는 것이 보일 때였다.

"학교에 다닐 때나 결혼 전에는 시골 고향에 다녀오다가 열차가 한강 다리에 들어서면 언제나 외롭고 쓸쓸한 마음이 들어, 집을 떠나 왔구나 하고 느꼈지. 그런데 지금은 그 반대가 되어 한강 다리가 보이면 아, 집에 돌아왔구나, 하고 편안한 마음이 되니 이상하단 말이야" 하며 남편이 씨익 웃었다. 그러나 사실 그것은 웃음이 아니라는 것을 난 알 수 있었다. '이상하다'는 말을 썼지만, 실은 전혀 이상할 것이 없다는 것을 잘 아는, 그런 표현이었다.

"바로 또 들를 게요" 하고 친정집 문을 나섰지만, 그 '바로'라는 것이 내일도 모레도, 사흘 후도 닷새 후도 아니라는 것을 나는 잘 안다. 나는 이내 나와 있는 동안 잠시나마 잊고 있었던 자질구레한 내 집의 일들 속에 파묻혀, '바로'가 열흘도 스무날도 아니 어쩌면 한 달도 될 것이다.

강변도로에서 바라본 한강이 저녁 햇살에 눈부셔하며 잠수교 밑을 아래로, 또 아래로 흐르고 있었다.

가위 바위 보

　높은 돌계단을 보면 달려가 아무라도 붙들고 가위바위보를 하고 싶다. 특히 남산 순환도로를 돌아 야외 음악당 앞을 지나게 되는 일이 있을 때마다 그런 마음은 더하다. 달리던 차에서 풀쩍 뛰어내려, 식물원으로 오르는 높고 긴 계단을 가위바위보를 하며 오르고 싶다. 운동 경기장의 넓은 스탠드에 섰을 때나, 지하철역 계단을 오를 때도 매번 그런 충동이 인다. 반드시 이긴 쪽만이 한 칸씩 위로 올라갈 수 있는 어린 날의 그 놀이에 다시 젖어보고 싶다.
　기억 속의 나는 늘 지는 아이였다. 웬일인지 매번 자꾸 지기만 해서 친구와의 거리는 점점 벌어졌고, 다시 가위바위보를 하기 위하여 고개를 들어보면, 친구는 저만큼 계단 위에서 파란 하늘을 어깨 뒤로 업고 키다리가 되어 있었다.

주먹 앞에 보, 가위 앞에 주먹, 성큼성큼 계단을 올라가고 싶은 것은 마음속뿐, 어쩌다가 이겨도 친구와의 간격은 좀체 좁아지지 않았다. 나는 여전히 키 작은 아이로 남아 아득한 심정이 되어 계단 위를 바라보았었다. 그러나 아무리 안타까워도 내가 내민 손의 모양은 내 속의 법률이었고, 거부할 수 없는 절대자의 규율이었다. 그러나 이제와 생각하면, 가슴속에 차오르던 울음의 기억도, 그렁그렁 눈물이 고이던 눈으로 바라보던 파란 하늘도 단지 그리움뿐이다.

일주일에 한 번, 매주 목요일 아침이 되면 낯익은 얼굴들이 하나 둘 테니스 코트에 들어선다. 팀이 올해로 열두 번째 생일을 맞았으니, 함께 공유한 세월 또한 그만큼이나 쌓여서, 이제는 마치 형제자매인 듯한 느낌마저 드는 얼굴들이다.

비록 친선으로 하는 시합이긴 해도 매 게임마다 서비스를 누가 먼저 넣느냐를 정하기 위하여 가위바위보를 한다. 가위바위보를 하기 위하여 오른손을 머리 위로 번쩍 들어올리면, 이상스럽게도 덩달아 마음도 풀쩍 뛰어오른다. 소풍을 나서는 어린아이처럼 즐거워져서 목청을 있는 대로 뽑아 가위! 바위! 보! 하며 마디마디에 힘을 주어 외친다. 그때의 목소리는 제각기의 삶 속에 묻혀 있던 각양각색의 복합된 소리가 아니다. 잡티가 생기기 이전의 높고도 카랑카랑한 어린 날의 목소리다. 회원 대부분이 가위바위보에서 이기고 지는 데 큰 의미를 두지는 않는다. 누가 꼬집어 말한 적은 없지만, 그 작은 행위가 주는 즐거움을 우리는 모두 알고 있을 뿐이다. '가위! 바위! 보!'로 우리는 어린 날의 맑은 얼굴을 세월 저편에서 끌어내어, 테니스 코트에 세우는 것이다.

아이가 중학교에 다니던 어느 날, 한문 공부를 하고 있는 것을 들여다보고 깜짝 놀란 적이 있었다. 내가 기억하고 있고 생각하고 있던 한문 공부라는 것은 읽을 줄 알고 쓸 줄 알며, 뜻풀이를 할 수 있고, 또 모르는 글자는 옥편에서 찾을 수 있으면 그것으로 족했다. 그런데 아이는 모든 글자의 획수와 부수를 따지는 것은 물론, 글자가 상호간에 무슨 관계를 갖고 있는가 하는 것을 일일이 분석하는 공부를 하고 있었다. 나는 기가 질려 멍하니 있었다. 저런 식으로 공부를 하다가 자칫 나무만 보고 숲은 보지 못하는 아이로 자라는 것은 아닐까 걱정도 되었다. 그러나 그러한 걱정은 그런 것에 남보다 둔하게 살아온 나 자신을 합리화시키려는 생각일지도 모른다는 것에 생각이 미쳐 도리질로 털어버렸다. 그리고 뒤에 곰곰이 생각해보니, 그러한 현상은 아이의 한문 공부에만 국한되어 나타나는 일은 아닌 듯했다. 세상은 점점 세분화되고 전문화되고 복잡해져서, 꼬치꼬치 따지지 않고 대충 감만으로 통하던 날은 이미 저만치 가버린 것이다.

지난번 어떤 모임에서, 결혼하려고 여기저기 맞선을 한창 보고 있는 아가씨가 하나 있었다. 잘되어 가느냐고 물었더니, 그녀는 "결혼에도 자격시험제를 도입하면 어떨까요. 그 시험에 합격한 사람들끼리 모여서 다시 제비뽑기를 하든가 가위바위보를 하든가 해서 결정하는 것이 낫지 않을까요. 너무 너무 어려워요" 하며 매우 고민스러운 표정이었다.

가위바위보를 하면 늘 지는 아이였던 나는, 지금도 사람들의 말투나 표정, 목소리만 가지고 그 사람의 됨됨이나 그가 뜻하는 바를 확실하게 알 수 없을 때가 많이 있다. 스스로 눈치가 빠르지 못하다는 것도 어느 정도 인정한다. 그러면서도 나는 가위바위보를 하면 늘 지기는 하지만, 가만히 있어도 나이가 들면, 쿵! 하면 그것이 울 너머에서 호박이 떨어지는 소리라는 것을 알 수가 있고, 또 그냥 가만히만 있어도 나이가 들면 세상 많은 일들이 쉬워져서 어떤 일이든 척척 해낼 수 있게 되리라고 막연하게 믿고 있었다.

그러나 아무리 나이를 먹어도 난 여전히 가위바위보에서 이번 판에 무엇을 내야하는지 모르겠다. '시간'이라는 것이 가위를 냈을 때 무엇으로 주먹을 만들어 맞서 가야 하는지 난 아직도 모른다. 기세도 당당하게 거침없이 들려오는 목청 큰소리가 가위라면 나직나직하나 진실이 담긴 소리는 바위가 되는 것일까, 보가 되는 것일까, 그 분별도 아직 확실하게 서지 않는다. 따져보면 우리가 걸어가는 이 인생이라는 것도 결국은 자기 자신이 낸 주먹이며 가위며 또한 보의 결과인 것을 어렴풋이는 알면서도, 그 놀이에 아직도 이렇듯 서툴기만 하니, 생각할수록 이건 보통 일이 아닌 듯하다.

그러나 몸이 아플 때나 어려운 일에 부닥쳤을 때마다 어머니가 보고 싶듯, 이것이 옳은지 저것이 옳은지 확신이 서지 않을 때나 내 삶의 공식으로는 도저히 해답을 얻을 수 없을 때마다 우습게도 나는 큰소리로 가위! 바위! 보! 하며 외치고 싶다.

해보았자 또 질 것이 뻔한 것을.

언덕 위의 하얀 집

한려수도 맑은 물길을 굽이굽이 돌아 들어가, 눈 시린 겨울 바다가 한눈에 내려다보이는 바닷가 언덕 위에 하얀 지붕을 인 그 집이 있었다. 첫 기차, 첫 경험, 종착역, 막차 등, 처음이나 마지막을 뜻하는 접두사가 붙어 있는 말에 아직도 아련한 그리움 같은 것을 품고 있던 나는 첫 비행기로 거제도에 갔다가 마지막 비행기로 돌아온다는 말에 솔깃하여 따라나섰다.

한겨울의 새벽, 섬을 찾아 떠나는 여행이다. 생각만으로도 마음이 설레는 일이었고, 잘 그려놓은 그림을 볼 때처럼 상상만으로도 행복한 일이었다. 오랫동안 오직 책갈피 속에서만 살아 숨쉬고 있던 낭만이라든가 시라든가 하는 말들이 모처럼 종이 위에서 뛰쳐나와 공중을 날아, 햇빛을 듬뿍 안고 내 가슴 속으로 파고 들어올 것만 같은 기분 좋은 예감이 며칠 동안 나를 달뜨게 했었다.

그곳에는 200명 남짓한 정박아들이 살고 있었다. 그들 가운데 교육이 가능한 아이로 분류할 수 있는 아이는 30명이 채 안 되며, 나머지는 제 스스로 아무것도 할 수 없는 중증의 아이들이었으며, 또 그들의 손과 발 혹은 머리가 되어 그들의 부족한 육신과 때로는 그들의 영혼까지도 보듬어 안으며 80여 명의 직원들이 한 덩어리가 되어 살고 있었다. 우리가 도착하자 원장님이 현관 밖으로 튀어나오듯 달려 나오시며 우리의 손을 잡으셨다. 올해 일흔 살이 다 되신 분이셨다.

"잘 오셨어요, 잘 오셨어요, 정말 잘 오셨어요."

내 머릿속이 혼란스러워지기 시작한 것은 바로 그쯤에서부터였다. 충무의 맑은 물가를 굽이굽이 돌고 또 돌아 이 섬으로 오면서, 그 물결만큼이나 출렁대던 마음의 출렁임은 언덕 위의 그 집에 들어서면서부터 파고의 높이가 줄어든다 싶더니, 원장님이 분주한 얼굴로 내 손을 잡으시는 그쯤에서부터 슬며시 뒷걸음을 치기 시작한 것이다. 그 분의 잰 행동과 열정에 가득 찬 얼굴을 대하는 동안, 낭만이니 시니 첫 비행기니 막차니 뭐니 하던 마음의 일렁임은 이미 저만치 줄행랑을 쳐버렸다. 오히려 그런 나의 속마음을 원장님에게 들킬 것만 같아 나는 원장님을 바로 볼 수가 없었다. 그런 어휘들 대신에 의문 하나가 새롭게 내 머릿속을 마구 휘젓기 시작했다.

  이 분을 이와 같은 일에 이렇게 오랫동안 단단히 묶어놓은 것은 과연 무엇일까? 푸른 세월, 20대의 그 찬란한 나이를 몽땅 풀어 이 섬에 묻고, 주름진 얼굴에 쉰 목소리가 될 때까지 동동 걸음을 치는 이 작은 몸집의 여인은 누구인가. 낳아준 부모에게서조차 버림받은 아이들, 누군가가 곁에 있지 않으면 그대로 삭아버리고 말 이 부족한 생명들을 붙잡아 세워 끌어안고 그들을 살아 있게 만드는 이 여인의 힘은 도대체 어디서 온 것인가?

  마구 뒤엉켜오는 머릿속을 식힐 겸, 공식적인 기념 행사 준비로 그곳 식구들이 분주해진 틈을 타서 나는 살그머니 현관을 빠져나왔다. '창립 40주년 기념 및 장애자 특수 학교 준공식'이라고 쓴 플래카드가 낮게 걸려 있는 길을 빠져나가 나는 외곽으로 발을 옮겼다. 기웃기웃 하며 나란히 앉아 있는 건물 뒤로 방향을 잡다가 나는 그만 움찔 놀라 걸음을 멈추었다. 어디선가 울음소리도 웃음소리도 아닌 이상한 소리가 계속해서 들려왔기 때문이었다. 말라버린 우물 속에 머리를 들이밀고 소리를 질러대면 우우—하고 곧 되돌아오던 바로 그 헛헛한 소리, 꿈속에서 가위에 눌려 허우적대며 질러대던 외침, 바로 그렇게 텅 빈 소리였다. 자세히 보았더니 아래에 있는 건물 외벽에 기대어 선 열 살쯤 되어 보이는 사내아이의 뒤통수가 보였다. 벽에 매달아놓은 붉은색 소화기를 붙들고 있는 듯도 했다.
  그러나 나는 가까이 가지를 못했다. 길을 가다가 누가 큰 소리로 언쟁이라도 하고 있으면 그곳을 피해 멀리 돌아가곤 하는, 겁 많은 내 발끝이 이번에도 저절로 나를 멀리 돌아가게 했다. 나는 살그머니 옆 건물을 돌아 뒤쪽으로 갔다. 건물 뒤쪽으로 줄지어 매어놓은 빨랫줄에는 그득 널려 있는 옷가지들이 춤을 추고 있었다. 모양도 색깔도 크기도 각기 다른 옷들, 비닐을 덧씌운 이불과 요 그리고 그 사이사이로 허름한 옷에 무언가를 한 아름씩 안고 부산히 오가는 사람들의 모습도 보였다. 웬만큼 다가가도 옆 눈 한 번 주지 않는 그들의 모습이 엄숙하게 보이기까지 하여, 나는 이번에도 발소리를 죽이고 살그머니 돌아섰다. 소리를 지르던 사내아이에게 다가갈 수 없었던 그때처럼, 역시 나는 또 다가갈 엄두도 내지 못했다. 나는 점점 내 뾰족한 구두가 부끄럽고 불편해졌다. 오뉴월에 털이 달린 외투를 입은 듯, 무거운 코트가 거추장스럽고 주체할 수 없는 심정이었다.
  두어 시간이 지나 기념식이 시작되었다. 그리고 중간에 '참석하신 내빈들을 위해 원생들이 노래를 불러드리겠다'는 순서도 끼어 있었다. 열 명의 아이들이 붉은색 가운을 걸치고 손을 잡고 나왔다. 손을 잡았다기보다 손 모양으로 만든 고리에 연결되어 딸려 나왔다는 표현이 더 맞는 말일 것이다. 그들 뒤를 따라 상반신은 어른 같은데 하반신이 어린아이처럼 작은 한 아이가 나와 두 손을 번쩍 들고 그들 앞에 섰다. 그리고 그의 손이 움직이기 시작하자 노래가 시작되었다. 그러나 아이들은 전혀 그를 보고 있지 않은 듯했다. 어디를 보고 있는 것인지 가늠할 수가 없었다. 그 중에 두드러지게 고개를 90도 방향으로 돌리고 있는 아이에게 나는, 아가야! 앞을 보려무나! 하고 속삭여보았다. 그렇게라도 하고 싶었다. 그것이 지금 내가 할 수 있는 것의 전부라고 생각했다. 그러나 그것도 내 마음속의 안타까운 중얼거림이었을 뿐, 부끄러움만 여전히 나를 옥죄여 왔다.

　서울로 돌아오는 마지막 비행기 속에 나는 녹초가 된 몸을 쑤셔박듯 파묻고 눈을 감았다. 눈을 조금만 크게 뜨면, 내가 또 모르고 있던 거대한 세상이 거기 어딘가에 있어서, 나는 더욱더 작아질 것만 같은 두려움 때문이었다. 그러나 눈을 꼭 감고 있어도 작고 초라한 내 모습은 자꾸 눈앞에 나타났다. 이상하게도 손도 없고 다리도 없는 모습이었다.

3
봄 여름 가을 겨울

멋있다는 것

그저 바라보기만 하여도 사슴의 순한 눈망울을 닮은 10월의 하늘이다.

그 창창한 색깔 탓일까. 느껴질 듯 말 듯 스쳐지나가는 바람의 끝자락 때문일까. 버릇처럼 해마다 이맘때가 되면 괜스레 창 밖의 모든 세상이 궁금해지고, 방안에 앉아 있는 것이 무언가 좀 손해를 보는 것 같은 느낌이 드는 것을 숨길 수가 없다.

아시안 게임이 종반으로 치닫던 작년 이맘때, 딸의 손에 이끌려 과천에 있는 승마 경기장을 찾았었다.

어떤 운동 경기라도 현장에서 본다는 것은 생각만 해도 흥분이 이는 그런 것이다. 게다가 이것은 국제 시합이 아닌가. 생각만으로도 가슴은 뛰고 함성과 열기가 미리 귓전을 때리고 있었다.

　함성과 열기가 넘쳐나는 그 라운드라면 내게는 지금껏 잊혀지지 않는 곳이 있다. 스무 살 남짓하던 날의 동대문운동장 축구 경기장이다.

　해마다 두 대학 간에 벌어지는 운동 시합의 한쪽 응원 대열에 끼어 나는 그곳에 앉아 있었다. 스탠드를 메운 내 또래 관중들의 열기로, 경기가 시작되기 전부터 곁에 있는 친구와 주고받는 이야기도 소리를 질러야 될 정도였다. 그 속에서 나 또한 얼마나 들떠 있었던지 집에 돌아올 즈음에는 양손바닥이 불에 덴 듯이 확확 거렸고, 목소리는 까칠하게 쉰 소리가 되어 있었다. 그뿐인가. 분명히 손목에 차고 있던 시계는 어느 틈에 떨어뜨렸는지 간 곳이 없었다. 그 뒤로 운동 경기란 생각만 해도 귀에는 함성이, 가슴에는 열기가 가득 차오르는 그런 것으로 여겨지게 되었다고나 할까.

　말 타기를 꽤나 좋아하는 딸의 동반자가 되어 장애물 비월 경기를 보러가는 내 걸음은 언제나 모양은 별로 생각지도 않고 성큼성큼 걷는 딸의 큼지막한 걸음새를 어느 사이엔가 닮아 있었다.

　경기가 시작되기 훨씬 전부터 장내 방송은 "경기 진행 중에는 박수를 치거나 큰소리를 내는 것을 삼가주십시오.

말을 놀라게 해서 경기에 지장을 주는 경우가 있습니다"라는 말을 되풀이하고 있었다. 나를 포함한 대부분의 관중들은 승마 경기를 관람하는 것에 익숙지 못한 터였지만, 거듭 들려오는 그 주의 방송에 고개를 끄덕였었다.

  경기가 시작되었다. 말과 기수로 된 선수 한 조가 하나의 호흡으로 유연하게, 또 때로는 리듬을 실은 박진감을 갖고 열두 개의 장애물을 차례차례 넘어갔다. 그러자 수없이 되풀이된 주의 방송을 언제 들었더냐는 듯 탄성과 박수가 이곳저곳에서 터져나왔다. 간혹 실수를 하여 장애물을 넘어뜨린다거나 기수가 말에서 떨어지기라도 하면 "아휴" 하는 신음소리가 누가 먼저랄 것도 없이 합창으로 터져나왔다. 그럴 때마다 다음 선수가 등장하기까지의 틈틈이 같은 주의 방송이 되풀이되었지만 듣는 그 순간에는 아차하며 자신을 돌아보듯 흘끔흘끔 서로를 보며 무안스런 마음을 어색한 표정 뒤로 얼버무렸었다. 그런 후 잠시 동안은 숨을 죽이고 손바닥으로 입을 막는 심정으로 주의 사항을 지키려고 애를 쓰다가 어느 사이엔가 또 허물어뜨리고 만다. 민망함을 배겨내지 못하고 기어이 어디선가 "맥 빠지는군! 소리를 질러가며 박수치고 응원하는 맛이 있어야지" 하며 투덜대는 소리가 들려오기도 했다. 나 또한 같은 기분이었다. 운동 경기란 뭐니뭐니 해도 결정적인 순간에 주저 없이 소리를 지르고 응원을 보낼 수 있어야 제 맛이 아닐까 하는 생각이 들었다.

　그러고 보면 자신이 이런 경기를 관람할 수 있을 만큼 성숙되고 세련되지 못한 사람이라는 이야기가 된다.

　때와 장소, 분위기에 따라 어울리게 옷을 골라서 입을 줄 아는 멋있는 사람들이 많이 있다. 반면에 좁은 등산로, 가파른 산길에서 굽 높은 구두를 만나거나 청바지 차림으로 음악회에 들어서는 사람을 보면 마음이 불편해지던 기억도 있다.

　축구장에서는 공을 따라 "와와" 같이 열광하고 승마 경기장에서는 그곳이 요구하는 대로 자연스럽게 그렇게 절제된 행동으로 대응할 수 있게 된다면 그보다 더 멋있는 일이 달리 또 있을까.

　골짜기를 타고 흘러내리던 물이 완만한 곳에서는 도도하리만치 잔잔히 흐르다가도 벼랑을 만나면 순식간에 폭포가 되어 떨어지듯, 어느 장소, 어떤 상황에 자신을 놓아도 처한 곳에 따라 무리 없이 어울리며 때로는 자신을 녹여서라도 그 속에 섞여들 수 있는 그런 사람이야말로 세련된 멋쟁이라고 부를 수 있는 것이 아닐까.

길들대는 껏

　새벽 바다는 잿빛이다. 사그라진 불꽃 뒤에 남아 있는 엷은 회색 빛깔이다. 이내, 잿빛으로 조용히 가라앉아 있던 바다가 띄엄띄엄 떠 있는 섬들을 거느리고 서서히 다가온다. 조금씩 또 조금씩 바다, 그 파란 빛깔이 살아나온다. 엊저녁 일기 예보대로 오늘 이곳의 날씨는 꽤나 맑을 모양이다. 새벽잠을 일찌감치 털어버리고 나온 사람들이 타원형 해안, 하얀 모래 위에 서서 새벽 바다를 맞이하고 있다. 어깨를 나란히 하고 말없이 걷는 이들도, 장난기 어린 웃음소리가 쿡쿡하고 들려올 듯 앞서거니 뒤서거니 달음질하는 이들도 있다.
　그런가 하면 서로 허리를 감싸고 느릿느릿 걷고 있는 남녀도 있다. 멀리 내게까지 느껴지는 그 분위기로 보아 한겨울 움파 빛깔을 닮은 노오란 신혼부부들이 많은 듯하다. 새로운 시작 앞에서 그들이 주고받는 이야기는 과연 어떤 것일까를 잠시 생각해본다. 한 사람의 아내가 된다는 것, 지아비가 된다는 것 또한 어른다운 어른이 된다는 것이 어떠한 것인가를 이야기하기에는 아직 너무 이를 것이다. 이제 막 잠에서 깨어나는 저 뿌연 바다처럼, 인생의 새벽 앞에 서 있을 뿐이잖은가. 그런 대화가 자연스럽게 그들 사이에 비집고 끼어들려면 앞으로 수월찮은 세월이 그들을 훑고 지나간 후라야 가능하리라.

삶의 나이테를 겹겹으로 두른 사람들을 만나게 되면, 그 두께가 두꺼울수록 '이제는 부부가 마주앉아 있어도 할 이야기가 별로 없다'는 말을 자주 듣게 된다. 또 누군가가 부부 싸움을 한 이야기를 꺼내면 '당신은 그래도 아직 젊군요'라는 말이 사방에서 튀어나온다. 다툴 일이 없다는 것은 둘 사이가 늘 봄날의 밝은 햇살 같다는 의미만은 아닐 것이다. 더불어 살아가는 동안에 본래의 자기가 지니고 있던 각진 모서리가 야금야금 깎여 닳아 없어져, 그래서 설혹 서로 부딪히는 경우가 있어도 젊은 날처럼 그렇게 요란스러운 소리가 일지 않는 것뿐이다.

부부란 결국 상대에게 길들여지는 것이 아닐까 하는 생각을 해본다. 서로에게 길이 든다는 것은 익히 잘 알고 있는 길을 가듯, 속도를 줄여야 할 곳이라든지 돌아서 가야 할 곳, 그냥 냅다 달려도 좋을 곳 등을 미리 알고 있어 저절로 준비하게 된다는 것일 게다. 그렇게 하여, 되돌아나올 수도 없는 막다른 곳에 몰리게 된다거나 이마가 벽에 부딪히는 것 같은 난감한 일들이 둘 사이에서 점점 줄어들게 된다는 것일 게다.

삶의 폭이 그다지 넓지 못하고 성격의 앞자락 또한 답답하리만치 좁다란 나는, 때때로 가슴이 꽉 막혀오면 집안의 가구나 물건들의 위치를 바꾸어놓는 것으로 한 줄기 바람의 끝자락이나마 내 생활 속으로 끌어들이려고 한다. 바꾸어놓아 봤자 거기가 거기인 작고 한정된 공간이기는 하나 그래도 얼마간 상큼한 기분을 느낄 수 있다. 얼마 동안은 무심코 손을 뻗쳐 늘 그 곳에 놓여 있던 일용품을 집으려다가 헛손질하여 웃음을 터뜨리기도 하고, 한밤중에 일어나 물을 마시러 캄캄한 부엌으로 가다가, 조금씩 옮겨 앉은 가구들에 이마도 부딪히고 무릎을 채이기도 한다. 그러나 그 새로운 질서 속에 길이 들어 익숙해지는 것이 그렇게 오랜 시간이 걸리는 것은 아니다. 며칠 가지 않아 나는 모든 것이 그 옛날부터 그 자리에 있었던 것처럼 자연스럽게 느껴지고 아무렇지도 않게 행동하게 된다. 잠에 취해 있어도 불을 켜지 않고도 어디 한 군데 부딪히는 일 없이 부엌까지

갈 수 있게 된다.

　몇 살까지라고 명확하게 선을 그어서 말할 수는 없지만, 사십을 훨씬 넘긴 후까지도 나는 가시같이 뾰족한 모난 성격을 곤두세우고 나 자신은 물론이려니와 다른 사람까지도 쿡쿡 아프게 찌르며 살아온 듯싶다. 주어진 환경에 순응하며 주위에 쉽게 길이 드는 것에 되지도 않게 심한 거부감과 저항감을 느꼈다. 그것은 자기 자신이 발전할 수 있는 여지를 없애는 일이라고 생각했다. 일찌감치 자신을 문 닫아걸고 많은 것에서 자신을 포기하는 일이라고 여겼다. 그것은 자신보다 훨씬 게으른 사람들이나 무책임한 사람들만이 어쩔 수 없이 끌려가듯 저지르게 되는 비겁한 짓이라고까지 생각하던 그런 날도 있었다.

　그러나 이즈막에는 길이 든다는 것이 아무런 비판도 없이, 그 속에 자기 자신을 형체도 없이 녹여 없애는 일만은 아닐 것이라는, 신통한 생각을 할 때가 있다. 부부를 이루어 아내의 생활이나 어머니의 생활에 길이 드는 것, 또한 어른 노릇이나 사람 노릇에 제대로 길이 잘 드는 것이 쓰레기통에 쓰레기를 냅다 던져버리듯, 그렇게 자기 자신을 내다버린다는 의미만은 아닐 것이라는 생각이다. 흔히 첫 추위가 가장 춥게 느껴지고, 첫 번째 더위가 가장 견디기 힘들다고 한다. 또 추운 고장이나 몹시 더운 지방에 살던 사람이 환경이 바뀌었을 때 대부분 한 번씩은 호되게 앓아눕게 된다. 그런 것이 새로운 풍토나 변화된 날씨에 적응해나가기 위해 피할 수 없는 통과의례라고 한다면, 우리가 무언가에 길들여지는 것은 바로 살아가는 일, 그 자체가 되는 것이라고 말해도 좋은 것이 아닐까.

쓸쓸하는 것

　밖은 아직도 어두운 밤이다. 창 너머에서 추적추적 내리는 빗소리가 겹으로 된 유리창을 통해 방안으로 기어들어오고 있다. 비는 언제부터 내리고 있었을까. 청정한 가을 햇빛, 그 아래서 노란 옷으로 갈아입기 시작한 거리의 나뭇가지들, 그리고 그저 버릇처럼 내뱉는 '바쁘다'는 근사한 포장지 같은 말, 이런저런 핑계에 밀려서 오랫동안 까맣게 잊고 있던 새벽 빗소리다.
　누구인가 반가운 이가 발소리를 죽이며 살금살금 다가오는 것 같은 느낌에 숨을 한껏 죽여본다. 자리에서 몸을 조금만 뒤척여도 그 소리가 놀라서 뒷걸음질칠 것만 같아 가만히 눈을 다시 감는다. 깊어가는 가을, 이렇게 밤을 가로질러서 숨어들 듯 내리는 비는 다가오고 있는 겨울의 전령일 게다. 이렇게 한차례 비가 지나고나면, 열어놓은 그 문을 통하여 겨울이 의젓한 얼굴로 들어설 것이다. 그렇게 들이닥친 겨울의 당당한 표정에 기가 죽어 또 한 해가 그림자만 남긴 채 떠밀리듯 떠나갈 것이다.

한 해가 마지막 장을 그렇게 접고 말면, 나는 또 몇 살이 되는 것일까. 손을 꼽다보니 잠 속에서 어렴풋이 듣고 깨어난 빗소리가 웬일인지 놓쳐버려서는 안 될 소중한 것처럼 느껴진다. 소중히 하고 싶은 것이 많아진다는 것은 무얼 뜻하는 것일까. 이제 무엇인가 조금은 알 만한 나이에 이른다는 것일까. 그러나 무얼 좀 알 만하다는 것이 쩔쩔매던 수학 문제를 거뜬하게 풀어냈을 때처럼 그렇게 날아갈 듯 마음 가벼운 것만은 아닌 것 같다.

"당신은 언제 철이 들지?"

남편은 종종 유행가 후렴구를 읊조리듯 내게 말한다. 나는 본래 수다분한 성질이 못 되는데다가 어디서나 먼저 화제를 끌어낼 줄도 모른다. 다른 사람들의 이야기에 재치 있게 응하지도 못하고 사근사근하지도 못한 성격이다. 그런 탓에 나는 여러 사람이 모이는 곳에 가는 것을 무척 어려워한다. 이 핑계 저 핑계를 내세워서 될 수 있는 한 피해보려고 한다. 그러다보니 때로는 예의에 어긋나는 행동을 하게 되는 일도 있다. 그럴 때 특히 남편의 후렴은 잦아진다. 생각해보면, 그 밖에도 나는 아무것도 모르는 철부지처럼 행동할 때가 많다. 내리막길을 만난 수레바퀴처럼, 그렇게 가속이 붙어서 내달리는 세월의 박자에 발을 맞추지 못해 심한 멀미를 느끼고 기진해버리는 그런 날들이 여러 날 혹은 여러 달 계속되기라도 하면 그런 일들은 더욱 잦아진다. 그럴 때면 남편의 사정을 뻔히 알면서도, 왜 영화 「아웃 오브 아프리카」에 나오는 나이로비와 몸바사 간의 열차를 타러가지 않는 거냐고 터무니없는 억지를 쓰기도 하고, 어느 한적한 교외에 깨끗하게 손질된 테니스장이 딸린 전원주택을 가질 수 없을까 하고 꿈같은 바람을 읊조리다가 남편의 후렴에 부딪히기도 한다.

때때로 저녁 식사를 끝내고는 꼼짝도 하기 싫어져서, 아무리 둘러보아도 대신 설거지통 앞에 서줄 이가 없는 뻔한 살림이면서도 짐짓 모르는 척 부엌에 대고 큰소리로, 있지도 않은 부엌 언니를 부른다.

"순자야, 영자야, 저녁상 났다!"

텔레비전 쇼에 나와 열창하는 가수의 몸짓 하나하나에 열광하는 소녀들처럼, 때로는 나도 딸아이의 눈치를 슬금슬금 봐가며 수상기 앞에 앉아 소리를 지른다. 때도 없이, 영화 「사운드 오브 뮤직」에서 준 에리슨이 '도레미송'을 부르던 초원이나 눈 덮인 히말라야로 트래킹을 떠나자고 노래를 부르는가 하면, 겨울 바다가 보고 싶다느니 가을 빗소리가 나를 슬프게 한다며 눈물을 찔끔거리기도 한다.

  살아온 내 생활과 세월을 잠시만이라도 머릿속에 떠올려 보면, 금방 얼굴을 붉히며 뒤로 물러서버리게 될 일들이다. 깊이 생각할 것도 없이 고개를 옆으로 살짝 돌리기만 해도, 모두가 입 한 번 뻥끗하지 못 할 일이라는 것을 뻔히 안다. 그러면서도 그런 내 현실은 꽁꽁 싸서 높다란 선반 위에 던져 올려놓고 터무니없는 기대를 쌓기도 하고 턱없이 애꿎은 세상을 향해 눈을 흘기기도 하며, 입을 삐죽 내민다. 자신은 뒤로 감추어놓고, 이 사람 저 사람 괜한 허물을 들춰 내 입에 올리기도 한다. 문제는 이런 나의 느닷없는 공격이나 어처구니없는 소원을 받아주는 이가 있을 리가 만무하다는 이야기다. 자연히 한동안 그렇게 하다가 스르르 제풀에 꺾여버린다. 그리고 돌아서서 '철이 들려면 아직도 멀었구나' 하고, 쯧쯧 자신을 향해 혀를 찬다.

  철이 든다는 것은 무얼 의미하는 것일까. 살아온 세월들이 거느리고 온 많은 경험들을 자신의 기억의 창고 속에 쌓아두었다가, 무슨 일이 닥칠 때마다 거기에 비추어가며 할 일을 일일이 가늠하는 것일 게다. 언제나 정확하게 사리를 분별하고 매사에 빈틈없이 행동하며 판단과 선택이 항상 올바르기 위하여 애를 쓰는 일일 것이다. 그러나 지금도 나는 왠지 그런 사람으로 매 순간을 살아간다는 것은 생각만으로도 의로워지고 쓸쓸해진다. 숨이 턱턱 막히는 것도 같다. 종종 한 순간씩 모든 사고의 문을 닫고, 정지된 화면에서처럼 그렇게 멈추어 서서 한껏 게으름을 피웠으면 좋겠다는 생각도 해본다. 주위와 나 자신까지도 깜짝깜짝 놀라게 하는 그런 짓도 때로는 서슴없이 하면서, 그런 일들을 나의 소중한 일부로 옆구리에 끼고 살고 싶기도 하다. 이렇듯 아직도 내게는 철이 든다는 것이 꿈을 잃어버리는 일로만 생각이 든다. 그리고 나는 언제까지라도 꿈을 잃은 사람이 되고 싶지가 않다.

'당신은 언제 철이 들지?'

남편의 후렴구는 아마도 영영 계속될 듯하다.

여자답다는 것

　발걸음을 떼어놓을 때마다 쿵쾅쿵쾅하고 온 집안을 울리며 걷는 딸아이의 걸음새가 못마땅해서 나무라는 말끝에 자신도 모르게 '여자답지 못하게'라는 꼬리를 단다. 아직도 내 머릿속에 박혀 있는 여자의 걸음걸이라고 하면, 긴 복도를 실내화의 뒤꿈치를 들고 고개를 반쯤 숙인 채 한쪽 켠으로 비켜서 걷던 여학교 시절과, 아버지 방 앞을 지나가며 삐걱거리는 소리를 내지 않으려고 마루의 단단한 이음새 부분을 골라서 밟으려고 애쓰던 기억들이다. 그러나 아이의 뒤통수에 주먹 알밤을 먹이듯 야단을 쳐놓고도, 어쩐지 자신의 목소리에 뒷심이 실려 있지 못하다는 것을 어렴풋이 느낀다. 요즈음 내 눈에도 여자의 것, 남자의 것으로 갈라서 구별할 수가 없도록 혼동시키는 일들이 한둘이 아닌

데, 그런 엄마의 말이 어린아이에게 얼마나한 설득력을 가지게 되는지 사실 자신이 없다.

얼마 전 텔레비전 화면에 비추던 어떤 패션쇼 장면들이 눈앞에 어른거린다. 이름은 의상 발표회였지만 내 눈에 놀랍게 보인 것은 새로운 스타일의 의상이 아니라 빠른 걸음으로 속속 등장하는 모델들의 모습이었다. 살짝 웃음을 띤 채 아름답게 보이려고 애를 쓴다거나, 우아한 품위를 내보이려고 하던 것은 먼 옛날 이야기가 된 느낌이었다. 하나같이 잔뜩 성이 난 표정이거나 금방이라도 덤벼들 듯한 사나운 기세를 강조하는 듯하다. 발걸음도 아주 도전적이어서, 애써서 좋은 평을 하자면 상당히 당당하고 씩씩하다고나 할까. 아무리 아름다움이 문제가 아니고 개성이 중요한 시대라고 해도, 보는 이들을 위협하고 무시하는 듯한, 어떻게 보면 위에서 군림하는 듯한 태도에 상당히 거부감이 인다. 새로운 흐름이라는 것에 둔감할 수밖에 없는 내 나이나 내 환경을 감안해서, 양보라는 덤을 듬뿍 얹어서 생각해봐도 여자라든가 아름다움이라든가 하는 것 하고는 사뭇 거리가 있는 느낌이었다.

고층 아파트에 살다보니 나가고 들어올 때 엘리베이터를 타야만 한다. 그럴 때마다 그 좁은 공간 속에서의 처신에 신경이 쓰이는 것을 15년이 넘도록 졸업하지 못하고 있다. 천성적으로 사교적인 구석이라고는 전혀 없으니 내려오고 올라가는 짧은 시간이지만, 그 네모난 작은 공간 속에서 시선은 어디에 두어야 하며 낯익은 얼굴들을 만났을 때 어떻게 해야 할까 하는 것들이 늘 마음에 부담을 준다.

내 자신이 그런 처지이다보니 남들, 그 중에서 여자들을 유심히 보게 된다. 조심스런 태도를 보이는 사람들에게 무조건 호감이 간다. 다른 사람이 엘리베이터 안으로 들어올 때 약간 비켜서주는 몸짓이라든지, 들어설 때도 다소곳하게 한쪽으로 들어서는 사람들이다. 그 대신 가장 언짢은 순간은 버릇인 양 한쪽 벽에 기대어 있는, 청소년들의 헤벌어진 모습을 만났을 때나, 눈을 아래로 착 내리깐 채로 누가 들어오든 나와 무슨 상관이람? 하며 싸늘한 바람을 일으키는 이들을 만났을 때다. 비록 그것이 유행이라는 것이 몰고 온 잔물결의 하나일 게라고 생각하면서도 안타까운 마음이 드는 것은 어쩔 수가 없다. 어쩐지 세상은 그렇게 풀어진 모습으로 아무렇게나 살아서는 안 될 성싶고, 또 그렇게 내리깐 눈으로 이 세상과 사람들을 보며 살아가는 것도 웬일인지 슬픈 일일 것만 같이 느껴진다. 쓸데없이 지분대는 노파심이라고 해도 할 말은 없고, 아직도 내가 '세련'이라는 말과는 거리가 먼 고리타분한 생각 속에 머물러 있어서라고 해도 할 말은 없다.

어쩌다 아버지 어머니의 낡은 사진들을 들여다보면, 아무리 젊은 날에 찍은 것이라 해도 두 분이 나란히 서 계신 것이 별로 없다. 아버지는 늘 이만큼 앞쪽에 계시고 어머니는 뒤쪽에 조그맣게 계신다. 아버지는 저만치 앞서가시고 어머니는 한복의 넓은 치맛자락 끝을 한 손에 잡고 늘 서너 걸음 뒤처져 따라가고 계신다. 그런 사진들을 한동안 넘기고 있노라면 그것들에 업혀서, 젊은 날 어머니의 불평이 섞인 목소리도 들린다.

"어디를 가도 아버지는 늘 당신 혼자 성큼성큼 저만치 앞서 가시다가 내가 다가가길 우뚝 서서 기다리신단다. 그리곤 내가 다가갈 즈음에는 다시 앞으로 가시곤 하시지. 먼저 가셔서 어차피 기다리실 것을 가지고 왜 그렇게 혼자서만 휑하니 가시는지 원…."

나이가 조금씩 들면서, 나는 어머니가 일부러 아버지를 앞서 가시게 만드신 것일지도 모른다는 생각이 들곤 하였다. 무슨 일이나 아버지 뒤로 물러서 계시던 삶의 방식이 사진 속에서 그런 식으로 나타났을 게다.

한창 엉덩이에 뿔이 나고 잘난 체하며 시건방질 때, 나는 곧잘 그런 어머니를 답답한 분이라고만 생각했다. 종가의 맏며느리로 숱한 일에 부딪히면서도, 집안에 큰소리가 나는 것이 싫다고 혼자서만 가슴을 삭이느라 애를 쓰는 어머니를 볼 때마다 나는 종종 소위 여자다운 처신에 시종하는 어머니에게 눈을 흘기기도 했었다. 그러나 빨강이라든가 노랑, 파랑의 색깔들이 제각기 확연히 독립된 색채를 지니 듯, 여자답다는 것도 내가 어차피 여자로 태어난 이상은 흐트러짐 없이 지켜야 할 인간다운 사람의 확실한 덕목에 속하는 것이라는 생각을 해본다. 시대가 어떻게 변하고, 유행이라는 것이 또 어떻게 돌고 돌든, 사람이 살아가는 일 그 자체에는 변함이 없듯, 매사에 삼가는 듯한 삶에 대한 조신한 태도는 여자다운, 여자만의 양보할 수 없는 소중한 점의 하나라는 생각이 든다.

서너 발짝 뒤로 처진 사진 속의 어머니의 모습 위에 내 얼굴을 오려붙이는 심정으로 살아가는 나를 원한다. 시대에 뒤떨어지는 생각 하나쯤 해본다고 세금이 더 나오는 것도 아닐 게다.

신호등

 서쪽으로 난 방, 창 너머로 내려다보이는 거리가 오늘따라 유난히도 깨끗해보인다. 비가 지나간 탓만은 아닌 것 같아 자세히 보았더니, 길 건너편에서 얼마 전까지만 해도 온갖 잡동사니들을 길바닥에 흩어놓은 채 수리를 하던 점포 하나가 깨끗한 간판을 달고 물기를 머금은 나뭇가지 사이에서 바람이 부는 대로 살짝살짝 숨바꼭질하고 있었다. 또 어떤 가게가 새로 들어선 것일까. 간판에 씌어진 글자는 아물아물할 뿐, 확연히 눈에 들어오지 않고 내 망막에는 몇 년 전 이곳을 떠나간 한 부부의 얼굴이 떠올랐다.
 이곳으로 이사를 와서 보니, 그 가게는 이 부근에서 가장 번창하고 있는 듯했다. 가게의 내부가 그렇게 넓은 편에 속하지도 않았고, 흔한 슈퍼마켓처럼 예쁘게 포장된 물건들이 빛 좋게 나열되어 있지도 않았다. 그냥 아무렇게나 마구 쌓아놓은 것같이 많은 물건들이 가게 안을 잔뜩 메우고 있다는 인상이었다.

그러나 손님들이 무엇이든지 찾기만 하면 주인은 이 구석 저 구석에서 재빠르게 골라 내밀었다. 그 좁은 곳 어디에 그런 것들이 모두 박혀 있었는지, 또 그것들이 박혀 있는 자리를 주인이 어떻게 모두 기억하고 있는지 신통해한 적이 한두 번이 아니었다.

그 가게는 다른 곳에 비해 물건값이 약간 비싸기는 했다. 그러나 채소든 생선이든 언제나 물이 좋았고, 찾는 것은 무엇이든 지체 없이 구할 수 있다는 이점이 있어 나는 금세 단골이 되어버렸다. 이웃들도 대부분 같은 생각이었든지, 그 가게는 늘 사람들로 북적거렸다. 젊은 주인 내외는 매일 이른 새벽부터 늦은 밤까지 밭에 있는 무처럼 내내 서서 일을 하고 있었다.

그렇게 삼사 년이 흐른 뒤, 그들은 큰길 건너편에 '찌개냄비 순두부'라고 씌어진 아크릴 등을 밝히고 새로운 가게의 주인이 되어 옮겨갔다. 가끔 빠끔히 열린 출입문을 통해 깨끗하게 정돈된 탁자라든지 잘 손질된 실내가 들여다보이기도 했다. 젊은 여자 주인에게서 싱싱한 푸성귀 같은 인상은 없어졌지만, 그 대신 보글보글 따끈하게 잘 끓여낸 순두부찌개 같은 감칠맛이 그녀의 화사한 블라우스 밑에서 배어나오고 있었다. 식당이 깨끗하고 음식 맛이 괜찮다는 소문이 나돌면서 그 가게의 출입문이 여닫히는 횟수가 부쩍 잦아지는 듯했다. 이제 더 이상 흙 묻은 채소를 만지지 않아도 되는 깨끗한 손으로, 식당에서 부족한 채소를 옛날 자신이 하던 식품점에서 고르고 있는 그녀의 모습이 저녁나절이면 자주 눈에 띄었다. 오전 중 가끔, 햇빛을 쐬러 그 집 앞에 나와 놓여 있는 화분들도 값이 나갈 만한 것은 별로 보이지 않았지만, 줄기는 통통하게 살이 올라 있었고 잎사귀에는 자르르 윤기가 흐르고 있었다.

그렇게 이삼 년이 또 흘렀다. 그러던 어느 날, 갑자기 그 집 앞이마에 붉고 둥근 새 등 하나가 매달렸다. 일본 잡지 같은 곳에서 흔히 볼 수 있는 헝겊 조각들이 출입문 꼭대기에서부터 늘어져 있었고, 그것은 바람이 불 적마다 펄럭이는 가랑이 사이로 얼핏 얼핏 실내를 보여주었다. 특수하게 생긴 조리대 앞에서 선 채로 생선을 굽고 있는 바깥주인의 모습이 보이기도 했고, 카운터와 좌석 사이를 바삐 오가는 여주인의 치맛자락이 보이기도 했다.

동네 은행이나 길거리에서 어쩌다 마주치는 안주인은 볼 적마다 조금씩 세련된 모습으로 변해갔다. 때로는 그 모습이 예쁜 접시에 맵시 있게 잘 담아낸 오므라이스처럼 보이기도 하면서, 그 새로운 가게는 밤이 늦도록 흥청대는 불빛으로 넘쳐나고 있었다.

그러던 어느 날 저녁, 그곳에 들렀던 나는 조리대 앞에서도 카운터에서도 그들 내외의 모습을 볼 수 없었다.

"사장님 내외분은 이제 이곳에는 잘 나오시지 않으세요."

멀지 않은 번화가에 분점을 냈다는 이야기였다. 그 말을 증명이라도 하듯, 때때로 바쁜 걸음으로 와서 잠깐씩 가게 안을 둘러보고 돌아가는 그들 내외의 멋진 옷차림과 당당한 어깨가 창문 너머로 보이기도 했다.

그러나 그들이 화려하게 세련되어 가는 것에 비해 그 가게 안에서 새어나오는 불빛의 촉수가 점점 희미해지기 시작한 것은 그 후 얼마 지나지 않은 때부터였다. 처마 끝에 늘어뜨려 놓은 헝겊 조각들이 뿌옇게 먼지를 뒤집어쓴 모습 그대로 힘없이 처진 모습으로 바람에 흔들거리고, 그 집 앞에 세워놓은 아크릴 등의 한쪽 귀퉁이가 시커멓게 죽어 있는 것이 눈에 띄기도 했다. 한 달이 다 가도록 작은 화분 하나 햇볕을 쬐러 밖으로 나와 있지도 않았다. 가게는 길가에 버려진 미아 같은 얼굴이 되어갔다.

얼마 지나지 않아 그 집 앞에 주렁주렁 매달렸던 헝겊 조각들이 길바닥에서 먼지를 뒤집어쓴 채 바람 따라 뒹굴고 있는 그 뒤에서, 그 집은 어두컴컴한 내부를 드러낸 채 대대적인 수리가 시작되더니, 그 집의 높다란 이마에는 새로운 얼굴의 간판이 붙여졌다. 그들 내외가 두 곳에 있던 가게를 모두 정리하고 어디론가 떠나갔다는 이야기가 바람

결인양 들려왔다. 어떤 이는 그들이 아주 큰 음식점을 내어 옮겨갔다고도 하고 또 어떤 이는 그들이 무리한 사업 확장으로 빚을 짊어지고 잠적했다고도 했다. 오가는 풍문에 별로 귀를 기울이는 성격도 아니고, 궁금하다고 해서 누구를 잡고 물어보는 적극성도 없는 나는, 그저 나 혼자 종종 그들이 그래도 궁금했다. 간간히 들려오는 것들을 종합해볼 때, 아무래도 종적을 감춘 쪽이었다. 그리고 그 후의 소식을 난 아직 모른다.

그들은 지금 어디에서 무얼 어떻게 하고 있는 것일까.

지금도 가끔, 한바탕 수리하고 새롭게 들어서는 상점을 볼 때마다, 또 누가 망했느니 어느 가게가 한창 잘된다느니 하는 이야기를 들을 때마다 나는 그들이 다시 궁금해지곤 한다. 콧잔등에 송글송글 땀방울이 맺힌 채, 싱싱한 무처럼 내내 서서 일을 하던 때의 젊은 여주인의 얼굴이 떠오른다. 빨간색으로 바뀌려고 황색 불이 반짝이는 신호등을 뻔히 보면서, 급한 마음에 그대로 건널목을 뛰어 건너려고 했던 것은 아니었을까 하는 안쓰러움과 안타까움이 늘 명치끝에 걸린다.

요즈음 거리 곳곳에 신호등이 부쩍 많아졌다. 적당히 눈치껏 지나가기에는 사람도 자동차들도 늘어나 서로가 위험하다는 이야기일 것이다. 종종, 우리 생활 속에도 또 우리들 가슴속에도 신호등이 하나씩 있었으면 하고 생각할 때가 있다. 아무리 급한 마음이라도 빨간 불이 켜지면 멈추어 서고, 좀 손해를 보는 것 같은 느낌이 들더라도 때로는 빙 돌아서 가기도 하면서, 규정이나 속도, 차선을 느긋하게 지킬 수 있는 마음의 여유를 가졌으면 싶다.

숲을 보지 못해요

거리를 지나다보면 요즈음 들어 더욱 자주 눈에 띄는 것이 무슨 무슨 '전문'이라는 간판이다. 몇 년 전까지만 해도 그것은 아주 조심스럽게 마치 주위의 눈치를 살피기라도 하듯이 그렇게 숨죽이고 어쩌다 걸려 있는 듯싶더니, 날이 갈수록 제법 당당하게, 때로는 상당히 위협적인 냄새까지 풍기며 번져가고 있다. 강조를 하다보니 간판에 쓰이는 색깔도 전보다 더 강렬해지고 크기도 점점 더 커지는 모양이다.

그 가운데 흉곽 외과라든지 방사선과 또는 항문과 치질 전문 등의 '전문 병원' 간판은 그래도 비교적 다소곳한 편이다. 흔히 붉은 바탕에 희고 큰 글씨로 써놓은 음식점의 간판들은 사뭇 도전적으로 느껴지기까지 한다. 그런데 이상하게도 씌어 있는 글씨가 크면 클수록 내용은 극히 지엽적이고 아주 세세한 것일 때가 많다. 예를 들면, '생선횟집'이 아닌 '도다리회 전문'이라든지 '세꼬시 전문'이라는 것들이 그렇다. 여자들이 주로 드나드는 미용실이라는 것도 이제는 그 기능이 극히 세분화되어 그냥 '미용실'로는 어딘가 좀 미흡한 모양이다. '커트 전문'이나 '파마 전문'은 옛 이야기이고, 파마도 무슨 무슨 파마 전문이어야 하고 '피부 미용 전문'도 최소한 '여드름 치료 전문'쯤은 되어야 한다. 혹시 잘게 나누어 세분화된 분야를 내세울수록 권위가 더 있는 듯이 느껴진다는 통계가 나왔는지도 모르겠다. 구체적이고 확실한 것만이 요구되고 인정되며 수용되는 시대의 흐름 탓일 수도 있겠고, 이제 너나없이 모두 최소한 살아가는 데에는 한숨을 돌릴 수 있게 되다보니 찾는 것도 더 특수하고 더 새로운 것, 더 전문적인 것들이 되는지도 모르겠다.

매달 나오는 여성 월간지를 보고 있자면, 언뜻 보아 근사해보이는 페이지일수록 그만큼 많을 수의 전문가 손이 투입된 곳임을 금세 알 수 있다. 어떤 페이지를 보면, 조경 미술가가 정원을 꾸미고 건축가가 설계한 집, 실내 장식 전문가의 손을 거친 안락해보이는 거실에서 의상 전문가가 만든 옷을 입고 헤어디자이너라는 이름의 미용가가 머리를, 화장 전문가가 화장을 해준 여인이 우아한 미소를 띠고 앉아 있다. 우아한 미소도, 의자에 걸터앉아 있는 모습도, 아마 또 그 방면의 전문가에게 자문을 받은 것이리라. 모든 것이

각 전문가의 손에 의해 빈틈없이 만들어져서 하나의 작품으로 합성되어야 남 앞에 내놓고 보일 수 있는 세상이다.

그러나 웬일인지 그런 것을 볼 때마다 나는 로봇을 머릿속에 떠올리게 된다. 기계라면 가장 단순한 청소기 하나 제대로 만지지 못하는 내가 그런 순간에 로봇을 연상한다는 것은 좀 엉뚱한 일일 수도 있을 것이다. 그러나 내가 연상하는 것은 어떤 순간 공중에서 산산이 분해되던 영화 속의 로봇이다. 여러 전문가들의 손을 거쳐 각 부분이 주도면밀하게 만들어진 로봇이, 문외한인 내가 보기에는 하찮은 실수 하나로 어느 한순간에 걷잡을 수 없이 분해되어버렸다. 지금 우리의 생활이라는 것도 자칫 어느 한순간에 극히 작은 이유 하나로 산산이 분해되어버릴 것만 같아 아슬아슬하게 느껴지기 때문이다.

지금도 여전히 시골에서는 "내일 또 보세"라는 한마디로, 약속 장소나 시간을 정하지 않고도 약속이 이루어진다고 한다. 이럴 경우 만날 장소와 시간을 묻는 것은 우스운 짓이다. 일일이 약속하지 않아도 하루 중에 밭이랑에서든 논두렁에서든 아니면 마을 어귀나 회관에서 어차피 만나게 되는 생활이다. 그런 식의 삶을 우리의 아버지가 살아오셨고, 나 또한 얼마 전까지만 해도 그렇게 살아온 것이 아니었을까? 그러나 나는 오늘도 친구와 약속을 하며 어느 장소에서 몇 시, 몇 분에 만나자는 식으로, 자세한 계획이 서지 않으면 마음이 불안하다. 그래서 그런지 달음박질하는 아이처럼 나는 언제나 숨이 가쁘고 여유가 없다. 모든 것은 잘게 쪼개면 쪼갤수록 더욱더 복잡해져가는 것이 당연하다.

지난 주, 집안에 손볼 일이 이것저것 쌓이자 그 걱정으로 뿌옇게 마음이 흐려 있는 날들이 계속되고 있던 참이었다. 서재에 칸막이 설치도 다시 해야 했고, 몇 년째 쓰던 에어컨도 점검해야 했다. 게다가 골치 아픈 전기 공사도 미루어둔 것이 있었으며, 오래 전부터 남쪽 발코니에 무엇이라도 걸어둘 수 있는 기구를 설치하는 것이 숙제로 남아 있었다. 어디에 전화를 걸어서 누구를 먼저 불러야 하는지, 비용은 얼마나 들 것이며 시간은 또 얼마나 소요될지 생각만 해도 머리가 지끈지끈했다. 미루어둔다고 누가 대신 해결해줄 일도 아니건만 자꾸 뒤로 미루고 또 미루어오다가 더 이상 참을 수 없게 되어 우선 '보수센터'라는 곳에 전화를 해보았다. 마침 주인은 부재중이었고 "주인 아저씨는 지금 전화를 가설해주시러 가셨으니까 조금 있으면 오실 것"이라는 점원의 대답이었다. 그 말이 채 끝나기도 전에 "전화 설치도 그곳에서 해줘요?" 하고 나는 자신도 모르게 큰소리로 물었다. 그러면서 머릿속은 이미 환하게 밝아오는 것을 느꼈다. 전화한 지 한 시간 남짓 지나서 올라온 아저씨 한 사람의 손에 의해 내 걱정거리들은 하나하나 거짓말처럼 쉽게 해결되어 갔다. 전기 일에도 목공일에도 아저씨의 손끝에서 끝이 났다. 물론 이러한 모든 것을 전문가에게 각각 맡겼더라면 뭔가 다를지도 모른다. 그러나 조금은 부족한 듯싶어도 나는 이것으로 만족했다.

감기라든지 다른 대수롭지 않은 상처가 큰 병의 원인이 된 경우는 얼마든지 있다. 의사들도 한결같이 작은 증상이라도 무심코 지나치지 말고 검진을 받는 것이 큰 병을 미리 막는 방법이라고 말한다. 백 번 옳은 이야기다. 그러나 때로는 그냥 지나쳐도 좋을 것을 후벼 파서 더 큰 상처를 입는 일은 없는 것일까? 세분화된 작은 일에 너무 매달리다가 나무만 보고 숲은 보지 못하는 그런 일을 자신도 모르게 저지르며 살아가게 되는 것이 아닐까 하는 두려움이 이는 날들도 많다.

속이 좀 거북하여 약국에 들르면, 고기를 먹었느냐 채소를 먹었느냐 가루 음식을 먹었느냐 하고 꼬치꼬치 묻는 말에 점점 짜증이 나간다. 내 작은 몸뚱이는 소금이나 소다 한 순갈 먹고 가슴을 쓸어내리던 그 날들과 과연 무엇이 얼마만큼 달라져 있는 것일까? 나는 세월을 한 번 거꾸로 살아보고 싶다.

엽서 한 장에 실은 마음

엽서 하나.

'어제 내린 빗물에 줄 장미 꽃잎이 흠뻑 젖어 있는 길을 걸어 오늘 하루를 시작했습니다'로 시작되는 종이 한 장이 지난 월요일 아침 사무실 책상 위에서 나를 기다리고 있었다. 글을 통해서 만난 김 여사가 보낸 것이었다.

몇 년 전, 어떤 음악회에서 우리는 처음 만났다. 그 첫 만남도 어떤 잡지에 실린 사진을 본 그녀가 나를 알아본 것이었다. 그리고 그 후 2년이 지나도록 지금껏 한 번도 다시 만난 적이 없었는데, 오늘 아침 불현듯 소식을 보내온 것이다.

'자별한 교분은 나누지는 못했지만, 늘 성원하는 우정이 여기 있음을 기억해주시기 바랍니다'로 끝난 그 글의 마침

표에서 눈을 드는 순간, 아! 6월의 햇살은 어쩜 이다지도 밝은 빛을 지녔는가, 하는 새삼스러운 느낌이 나를 휩싸 안았다. 문득 어디에선가 맑은 공기가 실내로 쏟아져 들어오는 것 같은 착각이 들기도 했다. 향긋한 향을 띤, 신선한 그 공기를 가슴 한 가득 들이마신 듯, 오늘 아침 그렇게 나는 새삼 살맛이 났다. 이렇다 할 큰 용건이 없이도 정이 담뿍 담긴 그런 글을 불쑥 써서 보낼 수 있는 그녀의 성품을 나는 하루 종일 부러워했다. 그리고 눈이 흘기고 싶도록 질투가 나기도 했다.

엽서 둘.
다른 시간에는 거의 듣지 않는 라디오에 매일 아침 같은 시간이면 버릇처럼 스위치를 넣는다. 그때마다 나직나직 차분한 아나운서의 목소리든가 조용한 선율이 나를 맞는다. 극히 절제된 언어로, 약간 띄엄띄엄 뜸을 들이는 듯한 아나운서의 어투에는 듣는 이를 편안하게 하고 무엇인가 생각하게 하는 힘이 숨어 있다고 느끼곤 했었다.
오늘 아침에는 누군가가 써보낸 엽서를 읽고 있었다. 모차르트의 바이올린 협주곡을 신청하면서 적어보냈다는 사연이다. 나직나직한 소리를 들으며 나는 바람조차 잔 이른 봄날에 햇빛 바라기를 하러 뜰에 나와 앉아 있는 젊은 여인의 모습을 떠올렸다. 물론 그것은 엽서의 사연과는 동떨어진 내 멋대로의 상상이었다. 그러나 그런 상상만으로도 나는 갑자기 세상이 아름다워 보여서 등줄기를 타고 따스한 것이 흐르는 느낌을 받았다. 이런 경우 엽서의 내용이 그렇게 큰 의미가 있는 것은 되지 못한다. 매끈한 문장이든 서툰 문장이든 그런 것도 문제가 되지 않으며, 신청한 곡이 바이올린 소나타든 피아노 협주곡이든 문제가 되는 것은 아니다. 그 누구인가를 향해 앉아 속마음을 한 자 한 자 써내려가는, 너무나 흔해빠진 말 같지만, 사랑이라는 그 말 외에 달리 표현하고 싶은 말이 떠오르지 않는, 그 행위 자체의 풍경.

이런 일들과 만날 때마다 이 세상에는 정말로 따뜻한 마음의 속 뜰을 지닌 사람들이 많이 있다는 것을 느낀다. 찬물을 한 바가지 뒤집어쓸 때처럼 깜짝 놀라듯 깨닫기도 한다. 아주 작은 것에서 행복이라는 커다란 보따리를 끄집어낼 줄 아는 사람들의 재주에 감탄하며, 또다시 눈이 찢어지도록 질투를 느낀다. 나 자신인들 때로는 엽서 한 장 정성스럽게 써서 마음을 전하고 싶은 귀한 순간이나 소중했던 대상이 없었으랴만, 지금껏 엽서 한 장 직접 사지 못했고, 그런 것을 보내는 일은 더더욱 하지 못했던 자신을 부끄러워하기도 한다. 부끄러움은 그렇게 굼뜬 자신에 대한 눈 홀김 같은 짓일 것이다.

엽서 셋.

며칠 전, 집으로 돌아와 우편함을 열었더니 생소한 우편물이 하나 들어 있었다. 고등학생인 딸아이 앞으로 온 것이었다. 아이 앞으로 오는 것은 대부분 겉봉만 보아도 내용을 훤히 알 수 있는 제 친구의 새새거리는 편지이거나, 그맘때의 호기심이 사서 친구에게 부친 별나게 생긴 카드, 그것도 아니면 용하게 이름을 알아서 보낸 무슨 학원의 선전물이거나 시험지 등이었다. 그런데 이것은 발신인의 이름도 생소하였고 내용물도 언뜻 짐작이 가지 않는 어중간한 크기였다. 손에 들고 잠시 망설였다. 그러나 꽉 막힌 엄마라는 소리를 듣는 것도 기분 좋은 일은 아니었다. 나는 짐짓, "아침 신문 어디 있는지 아니?" 하고 물어보듯, 최대한 아무렇지도 않은 목소리로, "이 사람이 누군데?" 하고 발신인의 이름이 적힌 곳을 가리켰다. 그런데 그것을 보는 순간 아이는 환성을 지르며 뛸 듯이 기뻐하는 것이었다. 언젠가 제가 좋아하는 만화가에게 엽서를 써서 보냈는데 이제야 답장이 왔다는 것이었다. 아이가 어찌나 행복해하는지, 그 모습을 보자 나는 금세 바보 엄마가 되었다. "네가 지금 이런 쓸데없는 짓을 할 때냐?" 하고 모난 소리를 하고 싶던 마음을 재빨리 등 뒤로 감추었다. 그러자 이상하게도 아이의 행복한 마음이 내게로 전해왔다. 결국 아이와 이마를 맞대고 내용물을 들여다보는 꼴이 되었다. 한참을 들여다보다가,

나는 순간 아차! 하며 엄마의 자리로 돌아오려고 머리를 세게 흔들었다. 그러나 이미 엎질러진 물, 내가 할 수 있는 일은 그런 물러빠진 엄마의 마음을 아이에게 들킬세라 얼른 돌아서서 아이 방을 나와버리는 것이었다.

그리고 잠시, 입시를 앞둔 딸아이가 짬을 내어 엽서 위에 엎드려 무언가 글을 쓰고 있는 모습을 머릿속에 그려보았다. 무엇이라 적고 있는지 이미 무뎌진 감성으로야 미루어 짐작할 수는 없었지만, 그 풍경만으로도 나는 괜스레 마음이 따뜻해지는 것이었다. 좋아하는 사람을 향해 앉아 글을 쓰면서, 누구라도 거기에 미움이나 증오나 시기하는 마음을 적지는 않을 것이다. 설마하니 가서 닿기만 하여도 생채기가 나는 커다란 가시를 그려넣겠는가. 난 아이의 입시고 뭐고 다 잊어버린 것이다. 나는 아무래도 못 말리는 엄마인가보다.

봄 여름 가을 겨울

봄

　간밤, 늦도록 창문을 흔들어대던 바람이 오늘 새벽 영락없이 사방에 냉기를 몰고 왔다. 실종 신고를 냈던 겨울이 오기를 부리듯 불쑥 머리를 내민 모양이었다. 그러나 웬일인지 이번에도 추위가 별것이 아닐 것이라는 예감이 든다. 대기 오염이다 난방이다 하여 지구상의 공기가 날로 더워져가고 있다는 보도에 귀가 절어 있기 때문인지도 모른다. 게다가 이제 내일모레면 3월이다. 보이는 것은 이미 돌아선 겨울의 모습이고 뾰족이 내미는 것은 봄의 새순이다. 시작의 얼굴이다. 으스스 한기가 도는 방안에 한 줌의 햇살이라도 더 끌어들일까싶어 커튼을 열었더니, 열리는 커튼의 폭, 딱 그만큼의 하늘이 따라 열린다. 아직은 눈 시린 싸아한 겨울 하늘이다. 촘촘히 들어선 건물 탓으로 내가 젖힌 커튼과 함께 열린 하늘이 그다지 넓다고 할 수는 없으나, 거기에는 매번 다른 얼굴이 있어서 좋다. 어쨌거나 봄은 확실한 시작의 의미다.

외출 채비를 하고 막 현관을 나서는데 딸아이가 조그만 쪽지 한 장을 내민다. 하얀 종이 위에, "돌아올 때 잊지 마세요"라는 다짐 말과 함께 얼마 전에 함께 본 어떤 영화의 사운드 트랙 곡명이 적혀 있다.

아이가 이따금 나를 돌려세우고 살짝 내미는 종이 위에 음악 테이프의 곡명이 실리게 된 것은 한 1년 전쯤부터의 일인 것 같다. "빠이빠이" 하고 작은 손을 흔들며 "엄마 아이스크림 사와" 하던 혀 짧은 소리로 시작한 아이의 부탁이 장난감 자동차, 동물 인형 등으로 바뀌었다가, 어느 사이엔가 만화책으로 이어졌다. 그것이 슬쩍 추리 소설과 세계 여러 나라의 민화집으로 바뀌더니 어느덧 문학 작품으로 넘어가, 한동안 나로 하여금 늦은 귀갓길에도 어쩔 수 없이 동동대는 발걸음을 되돌려 동네 책방에 들러서 오게 만들기도 했었다.

그런데 이제는 음악 쪽으로 옮겨와 있다. 아이는 앞으로 또 얼마 동안 나를 레코드 가게를 거쳐야만 집안으로 들어설 수 있게 할 것인가. 또 그것이 지나면 아이는 그 대신 다시 무엇이 적힌 쪽지를 내밀어 내 발목을 잡을 것인가.

아이의 봄이 이제 시작하려나보다.

여름.
 5월이 하순으로 접어들 때쯤이면, 어느 날 갑자기 집안의 창문들이 모두 작게 느껴지는 그런 날이 있다. 해마다 여름은 내게 그렇게 찾아오고, 나는 이미 열어놓은 문들을 다시 또 밀어보며, 더위 속으로 섞여들 채비를 이것저것 하게 된다.
 여름날에는 굳이 문가에 서지 않아도 지상의 온갖 것들이 살아서 꿈틀대는 소리가 확성기를 들이댄 것처럼 크게 들려온다. 어느 집에선가 높은 소리로 아이를 불러들이는 여인의 목소리가 큰길을 내달리는 자동차의 소음에 섞여 들려오고, 구우 구우 하고 신음하듯 토해내는 비둘기의 울음소리도 간간이 들린다. 이웃집에서 창문을 여닫는 소리, 멀리 한강을 오가는 유람선의 느릿한 고동소리도 들려온다. 그뿐이 아니다. 조금만 귀를 기울여보면 바람결에 흔들리는 나뭇잎들의 일렁이는 소리도, 울타리 아래서 작은 꽃망울들이 터지는 소리도 들려올 것 같다.
 꼭꼭 닫아놓은 문 안에서만 살고 있는 것이 아닐까 하는 생각을 가끔 한다. 시끄러운 것이 싫어서 닫고, 먼지가 들어오는 것이 귀찮기도 해서 닫는다. 닫힌 문 안에서, 겨울같이 꽁꽁 얼어붙은 가슴으로 살아가는 게 아닌가 하는 생각도 든다. 아파트라는 가옥 구조 자체가 외부 세계를 강하게 차단하도록 되어 있는 것인지, 닫히고 잠겨 있는 상태가 오히려 당연하게 생각될 때가 많다. 밖에 비가 내리고 있어도 모른 채 서둘러 외출 준비를 하고 나갔다가 우산을 가지러 되돌아오는 낭패스런 때도 종종 있다.

그러다보니 자연히 자연과도 거리가 멀어졌다. 지금쯤 달이 떴는지, 별자리가 어떤지도 모르고 지내기 마련이다. 기껏 영화관에서「스타워즈」같은 영화로 별들에 관한 상상을 부풀리고, 유원지의 '유령의 집'에 들어가서야 일찍이 이런 것들이 내 가까이에서 이야깃거리가 된 적도 있었다는 것을 기억해내게 된다.

어린 시절, 여름날 한밤중에는 곧잘 마당 한가운데 놓인 들마루로 베개를 끌어안고 나갔다. 시원한 들마루에 누우면 세상은 온통 반짝이는 별들뿐, 그 속에서 내 몸도 붕붕 떠다니는 착각을 자주 했었다. 어린 날 기억 속의 밤하늘에 유달리 별이 많았던 것은 그렇게 드러누워 바라보던 하늘가에 상상의 날개를 몇 개씩이나 달았기 때문일 거라는 생각을 가끔 하기도 한다. 형제 가운데 누군가의 입에서 유령이나 도깨비 얘기가 매일 밤 하나씩은 나왔다. 그럴 때면, 마루 밑을 살금살금 지나가는 쥐새끼의 발걸음 소리도, 또 어느 구석인가에서 뒤집혀진 풍뎅이가 윙윙대는 소리도 기막힌 효과음이 되었다. 유령 이야기도 밤하늘도 역시 여름이었다.

여름이란 내게 문을 연다는 의미가 강하다. 창문을 열고 바깥을 하염없이 바라보고 있노라면 문을 연 것은 내가 아니고, 여름 속의 온갖 것들이 제각기 나를 향해 문을 연 것이 아닌가 하는 착각이 들기도 한다.

가을.

길에서 우연히 만난 중학교 때의 친구가 내게 그녀의 소식을 물은 것은 지난 가을이었다. 나를 보자마자 대뜸 그녀의 소식부터 물었다. 내가 잊고 살던 근 30년 동안에도 나는 늘 그녀와 함께 묶여 친구들 기억 속에 살아 있었던 모양이었다.

"서로 연락도 없이 지내니?"

힐난조가 잔뜩 묻어 있는 어투였다. 그리고 열흘쯤이 지난 후, 나는 청주행 고속버스에 올랐다.

그녀는 중학 동창생이다. 그냥 친구라기보다 나는 3년간 그녀의 그림자였다고 표현하는 쪽이 옳을 것이다. 어릴 적에 앓은 소아마비가 그녀의 한쪽 다리를 불편하게 만들어 놓았었다. 그러나 그녀는 늘 명랑했다. 조금 우울하고 소극적인 편이었던 나는 매사에 적극적이고 밝은 그녀가 좋았다. 무슨 과목이든 공부도 잘했고 피아노도 아주 잘 쳤다. 책을 많이 읽어서인지, 아는 것도 우리들 또래에 비해 훨씬 많았다. 우리는 학년이 바뀌어 같은 반이 되지 않아도 붙어다녔다. 아침마다 집을 나서면 늘 그녀가 나를 기다리고 있었다. 그러면 나는 자연스럽게 책가방을 들지 않은 다른 빈손으로 그녀의 책가방을 받아들고 학교로 갔다. 성큼성큼 걸어도 학교까지 삼사십 분은 좋이 걸리는 거리였다. 청주 시내를 가로질러 흐르는 무심천 위에 놓인 기다란 서문다리를 지나려면 우리는 두어 번, 잠시 잠시 쉬어야 했다. 숨을 돌리고 서 있는 우리를 다른 친구들은 아무렇지도 않게 지나쳐 갔다. 어쩌다 하굣길에 다른 아이들이 그녀의 길동무가 되는 일이 있다. 그러나 내가 나타나면 그들은 당연하다는 듯이 그녀의 책가방을 나에게 건네주고는 먼저 가버렸다. 나 또한 그것이 당연했었다. 그것은 내 몫이었다.

우린 함께 고등학생이 되었다. 그리고 대학 시험을 치를 때가 되어 난 서울로 올라왔다. 그것이 끝이었다.

그 후로 근 30년, 그동안에 간간이 친구들을 통해 그녀가 그곳 대학의 약학과에 들어갔다는 이야기며, 대학 시절에 일찌감치 호된 사랑의 시련을 겪었다는 이야기도 들었다. 그러나 난 돌아서서 그동안 그녀를 잊고 산 것이었다.

그녀는 골목 밖에 나와 서서 나를 기다리고 있었다. 세월의 강이 너무 깊어, 처음에는 그녀도 나도 서먹서먹했다. 그러나 이내 그녀가 중학교 때의 이런저런 일들을 기억해내기 시작했고 우리는 쉽게 열네댓 살 소녀가 되었다. 되감기 위해 빠르게 돌리는 영화 필름처럼 그녀와 나의 열네댓 살이 한바탕 떠들며 지나갔다. 그 후, 조용한 잠시의 틈 사이로 나는 그녀의 근황을 조심스럽게 엿보기 시작했다. 어머니와 미혼인 동생과 함께 살고 있다는 그녀의 바짝 마른 목소리가 자신의 삶의 조각들을 이 구석 저 구석으로 마구 내던지듯 던지고 있었다.

"아무것도 하지 않고 살아."

텅 빈 시선으로 나를 보며 남의 이야기하듯 가볍게 지껄였다.

"뭐라도 한두 가지 붙들지 않구? 글씨를 쓰든가 그림을 그리든가. 너는 글 쓰는 솜씨도 여간 아니었잖니?"

그러나 흰 블라우스와 검정 플레어스커트 교복 속의, 재주 많던 그녀는 이미 거기에 없었다. 내가 하는 말은 그녀에게로 전달되기도 전에 공중에서 이미 산산이 부서지는 느낌이었다. 내 입술에서 채 떠나기 전부터 이미 그 말은 힘이 빠져 있었다.

그녀가 지금 힘에 겨워하는 것은 학창 시절의 그 책가방 하나가 아니었다. 나는 입에 재갈이 물린 채 두 손과 발도 꽁꽁 묶여 그녀 앞에 앉아 있는 느낌이었다. 나는 잔뜩 오그라든 채 아주 조그맣게 되어 그녀의 집을 나섰다.

그 후 몇 년째, 해가 바뀔 때쯤이면 나는 그녀에게 편지를 쓴다. 그러나 언제나 자신이 없는 목소리로 바람과 기원만 적어 보낼 뿐 어떻게 지내느냐고 묻지도 못하고 있다. 어릴 적, 내가 들어주던 책가방 대신에 내가 들어줄 마흔 살 넘은 그녀의 짐이 무엇인지 아직도 나는 모른다.

겨울.
며칠 전 저녁 무렵 서초동 꽃마을에서 우연히 아버지를 뵈었다. 겨울이 오고 있는 아파트의 베란다가 아무래도 너무 메말라보여서 파란 잎이 탐스럽게 달려 있는 화분이라도 하나 살까싶어 이 집 저 집 기웃거리던 참이었다.
"그냥, 슬슬 나왔다."
아버지 손에는 조그마한 화분용 거름 봉지가 하나 매달려 있었다. 2년 전에 아버지는 한쪽 눈의 시력을 잃으셨다. 고혈압이 원인이 되어 시작된 것이 몇 년을 끌다가 결국은 한쪽 눈의 기능을 잃으시게 된 것이다. 엷은 색안경을 끼고 계신 그런 아버지 앞에 서 있노라면 놀라움이나 슬픔, 그런 감정들은 차라리 사치에 가까운 것이었다.
그러나 그 후, 나는 아버지가 잃으신 것이 한쪽 눈의 시력만이 아님을 점차 알게 되었다. 의욕도 고집도 잃어가고 계셨다. 완고하시고 무섭기로 소문난 아버지의 표정에서 긴장기가 눈에 띄게 사라져갔다. 하얀 머리가 더 이상 멋있어보이지도 않았고, "나는 괜찮다" 하시며, 한마디로 모든 것을 덮어나가시는 것도 더 이상 마음 편하게만 생각되지 않았다. 그뿐이 아닐 것이다. 내가 알아차리지 못하는 구석구석에서 아버지는 자꾸만 당신 자신도 모르는 것들을 잃어가고 계셨을 것이다.

"겨울 동안 집안에서 시원찮게 될 놈들, 거름이라도 해주면 잘 배겨날지 모르겠다."

거름 봉지를 들고 돌아서시는 아버지의 등 뒤로 석양의 기다란 그림자가 따라나서고 있었다. 아무것도 보이지 않는 검은 그림자일 뿐이었다. 걸핏하면 우리 형제들을 둘러보시며, '너희들이 내 재산이다' 하시며 흐뭇해하시던 웃음도, 매섭게 호령하시던 눈빛도 모두 그 속에 있으련만, 보이는 것은 검은 그림자일 뿐이었다.

형광등

걸핏하면 그들은 나를 '형광등'이라고 부르고 싶어한다. 그들이란 다름 아닌 내 가족, 남편과 딸이다. 물론 이제껏 그들이 '형광등'이라는 단어 그 자체를 내 앞에서 입에 직접 올린 적은 없다. 아내 또는 엄마를 차마 그렇게 부르지 못하는 것은 겉으로 보기보다는 약한 그들의 마음 탓이거나, 아니면 도망갈 구멍을 두고 쥐를 쫓을 때처럼 나에게 최소한의 멀건 대접이나마 해주기 위해서일 것이다.

'센스가 느린 사람, 아둔한 사람'을 지칭하는 말로 사람들의 머릿속이나 이 세상 공기 속에 널리 퍼져 있는 '형광등'이라는 단어를 쓰는 대신 그들은 설명조로 '반응이 느리다'는 우회적인 표현을 쓴다. 그러나 여섯 글자로 된 그 말을 나는 언제나 '형광등'이라는 세 글자로 줄여서 듣곤 한다.

그것은 딱 부러지게 왜라고 설명할 수가 없는, 그저 습관적인 반응이다. 그러나 이상한 것은, 조그만 일에도 비교적 쉽게 상처를 받곤 하는 내가 그들의 그 말에는 기분이 크게 상하지 않는 일이다. 그뿐인가, 자신의 일을 객관화시키는 일에는 완전히 빵점짜리인 내가, 그 말을 들을 때는 마치 제삼자의 이야기를 들을 때처럼 그들과 한통속이 되어 함께 실실 웃기까지 한다.

남편은 직업상 해외 여행이 잦은 편이다. 그가 며칠 만에 집에 돌아올 때면 가방 속에는 늘 내게 줄 것이 무엇인가 한두 개 들어 있다. 머플러 한 장이라든지 분첩 하나, 이상하게 생긴 동전 지갑, 몇 장의 그림 엽서와 한 두 권의 책, 대강 그런 것들이 그가 갔던 행선지에 따라 그의 가방 속에서 나오는 단골 품목들이다. 때로는 남편이 평상시보다 유별나게 큰소리로 "여보! 이거 당신 선물이야!" 하며 내미는 것도 있다. 목소리가 클수록 실속은 별로 없는 법, 일회용 소모품으로 호텔에 비치되어 있는 여자용 샤워 캡 같은 것을 내밀며 굉장한 선물을 안겨주듯 시침을 뚝 떼는 것이다. 그럴 때 그는 "이런 것 좋아하는 거 내 다 알아. 내가 이 얼마나 신통하노"라는, 경상도 억양을 지닌 초등학생 얼굴이 된다. 언젠가 내가 여행지 호텔에서 쓰던 것이 마음에 들어 집에까지 가지고 와서 두고두고 쓰는 것을 본 이후의 일이다.

딸아이의 경우도 그렇다. 선물이라는 것을 주는 것에도 받는 것에도 서툰 나와는 달리 아이는 제가 받을 선물을 여축 없이 챙기는 것은 물론 주는 것에도 아주 곰살갑다. 무슨 이름이 붙은 날에는 말할 것도 없고 종종, '그냥 엄마가 좋아할 것 같아서'라며 이런저런 자질구레한 것들을 내 앞에 내놓기를 좋아한다. 한두 송이 백합이나 오렌지 빛 나리꽃, 초콜릿 한 개, 군밤 몇 톨, 뻥튀기 과자 한 봉지, 주로 그런 것들이다.

그러나 남편에게나 아이에게서 뭔가를 받아들 때 난 늘 어색해서 그저 희미하게 조금 웃을 뿐 환성을 지르지도 못하고 '고마워'라는 간단한 말도 하지 못한다. 뒤 유리창에 '완전 초보'라고 붙인 운전 초년병처럼, 그런 일에 난 늘 어릿어릿해한다. 그런 나를 보고 처음에는 맥이 빠져, 바람 빠진 풍선 같은 표정을 짓곤 하던 그들도 이젠 으레 그러려니 한다. 그들인들 어쩌랴, 나라는 사람은 무엇인가를 '내 것'이라고 건네받아도, 그것이 진정 내 것으로 내 마음속에 자리잡기까지 시간이 걸리는 사람인 것을. 물건이라면 실컷 써보고 난 후, 고운 때가 살짝 묻었을 때쯤에야 비로소 "참 좋다" 하고 느낀다. 그런가 하면 때로는 몇 달이 지나, 그들에게서는 이미 시효가 만료된 시점에 와서 느닷없이 이야기를 꺼내 그들을 어리둥절하게 만들기도 한다. 사다 준 꽃은 꽃병에 꽂아놓고 반나절 혹은 하루쯤 지난 후에

"향기도 좋고 예쁘다 그치?" 한다. 함께 갔던 영화나 음악회에 관해서도 며칠이 지난 후에야 비로소 이러쿵저러쿵 이야기를 한다. 이미 그들 마음속에서는 상미 기간이 훨씬 지난 뒤다. 그럴 때마다 남편은 식어빠진 죽 그릇을 앞에 놓은 사람처럼 시들한 목소리로 "느이 엄마는 반응이 느린 사람이야" 한다.

아이 방 책상 위의 스탠드에 불이 켜 있기에 끄려고 손을 가까이 댔더니 손이 닿기도 전에 불이 저절로 꺼졌다. 이상해서 다시 손을 가까이 가져갔더니 다시 불이 켜지는 것이었다. 잠이 든 줄 알았던 아이가 깔깔 웃으며 엄마가 그렇게 놀랄 줄 알았지 하는 표정으로 "그건 센서가 하는 거예요" 했다. 그러고보니 백화점의 가전 제품 코너에도 그런 이름을 내건 것투성이였다. 무슨 센서 부착이라는 말은 신개발품이라는 것의 다른 이름인 듯했다.

매일같이 달라지는 이런 것들에 익숙해지기 위해 난 또 얼마나 뜸을 들여야 할 것인가. 이런 것들에 익숙해지려고 허덕허덕하다가 '여유'라든가 '쉼표'라든가 '여백'이라든가 하는, 내가 별 이유 없이 편애하고 소중히 여기는 이런 말들을 영영 잊어버리게 되는 것이나 아닐지 모르겠다.

두 손을 가지고 있어도 쓸 일이 점점 적어지고, '센스'라든지 '감각'이라는 어휘들이 '성실'이라든가 '무던'이라는 말들의 윗자리를 차지해가고 있는 듯한 이런 세상 속에서 나와 같은 형광등형인 사람이 그래도 참 용케 살아가고 있다는 생각을 자주 한다.

4
마음의 벤치

임시 휴업

 벌써 여러 날째 동네 방앗간 앞에는 '임시 휴업'이라고 쓰인 종이 한 장이 붙어 있다. 열린 문 사이로 언제나 떡 익는 냄새가 흰 김에 휩싸여 기세 좋게 새어나오고, 바짝 마른 고추를 빻는 매캐한 냄새와 방아 기계의 벨트 소리에 섞인 주인 아저씨의 갈라진 목소리가 쉼 없이 크게 들려와 어쩐지 흥청흥청한 분위기가 감돌던 곳이다.
 다 늦은 저녁 무렵, 종종걸음으로 집으로 돌아오다보니 반쯤 녹이 슨 채로 내려진 셔터의 중간쯤에 그 쪽지가 오늘도 여전히 무표정하게 붙어 있다. 그것이 어쩐지 더없이 편안해보이는 걸로 보아, 아무래도 요즈음 내가 좀 지쳐 있는 모양이다. 순간적으로 그 쪽지를 떼어내 내 가슴팍에다 대신 붙이고 싶다는 생각을 해본다. 그렇게 해서 아무렇지도 않게 문을 닫아걸고 돌아앉은 방앗간처럼, 나도 잠시 만이라도 임시 휴업을 해볼까 하는 유혹이 손짓을 했다.

그것은 생각만으로도 달콤한 것이다. 이른 봄날의 아침나절, 남쪽으로 향한 유리창을 통해 쏟아져 들어오는 햇살처럼 거침없이 밖에서 쏟아져 들어오는 무수한 시선을 차단하고, 마흔을 넘긴 나이, 그 스스로가 강요하는 자신의 시선에서도 잠시 놓여나게 할 것 같다.

게으른 천성 탓인지, 무기력한 성품 탓인지, 그것도 아니면 욕심이 많아서인지 나는 어릴 적부터 공상을 무척 많이 했다. 지금도 여전히, 나는 살아가는 일에서 잠시 좀 쉬고 싶어질 때나, 일상에서 도망쳐 어딘가에 숨어버리고 싶을 때면, 버릇처럼 공상 속으로 외출을 한다. 아주 조그만 틈바구니만 생겨도 생활 속에서 빠져나와 또 하나의 새로운 세계를 머릿속에서 만들어, 이야기를 연속 방송극처럼 내일로 모레로 이어나가기도 한다. 이어지는 이야기가 때로는 어제의 각본과는 다른 길로 빠져나가기도 하고, 마음속에 붙어버린 욕심의 군살만큼이나 부풀어 올라 그 무게를 감당하지 못하고 이야기를 중간에서 포기해버리는 일도 있긴 하지만, 그때마다 몇 번이고 지워버리고 수정할 수 있다는 것이 떨쳐버릴 수 없는 매력이고 유혹이었다.

머릿속이 괜스레 복잡하다는 생각이 들 때면 커다란 드럼통 하나를 갖다놓고 머릿속을 꽉 채우고 있는 것들을 깡그리 쏟아 내놓는다. 그 잡동사니 중에서 이만큼 살아오는 동안 밝아지고 커진 내 눈으로 보아 귀하고 소중하게 생각되는 것만 골라서 다시 담는 공상을 해본다. 그러다보면 어느 사이엔가 내가 편안하고 행복해지는 것이다.

이러한 일상에서의 외출은 걸핏하면 지쳐버리고 쉽게 포기하고 빨리 체념해버리려고 하는 나약한 성격이 만들어낸 버릇일는지도 모른다. 그러나 나는 그것이 내게 부딪혀오는 힘겨운 일들을 조금은 가볍게 뛰어넘을 수 있는 디딤돌이라고 생각하고, 질척거리는 곳에서 뭉그적거리고 있는 자신을 끌어내는 하나의 두레박이라고 끈질기게 생각한다.

그곳에서 나는 내 마음의 깊숙한 서랍 속에 넣어두었던 친구의 어릴 적 얼굴을 끌어내 만나기도 하고, 매일처럼 잡기장에 써넣던 어린 날의 소망들을 현실로 잠시 빌려오기도 한다. 후회스러웠던 어제는 미련 없이 지워버린다. 그리고는 점 하나 선하나 그려져 있지 않은 빈 도화지를 만들어, 매혹적인 색깔들만 골라서 칠을 다시 하기도 한다. 거울 속에 드러나 있는 축 처진 눈매를 쉽게 끌어올릴 수도 있고, 언제라도 마음만 먹으면 출발점으로 되돌아와 무엇이든 다시 시작할 수 있다. 어떤 것이라도 몇 번씩 뜯어고칠 수가 있고, 나는 또 장래 무엇이라도 될 수가 있다. 살아온 어제가 마음에 들지 않거나 잘못되었다고 느껴졌을 때 얼마든지 고쳐서 다시 살 수 있다는 것은 비록 공상 속에서의 일이라 해도 황홀한 일이다.

　한때는 그런 것이 괜한 정신적인 유희이고 정신을 갉아먹는 소모적인 짓이 아닐까 하고 생각한 적도 있었다. 요즘에는 꼭 그렇지만은 않다는 생각을 한다. 매일같이 쓸고 닦는 마루 구석에서도 잠시 집을 떠났다가 돌아와 보면 어딘가 남아 있던 먼지가 햇빛 속에 드러나보인다. 있던 자리에서 잠시 떠나 있다가 돌아와보면, 새로운 시선이 생긴다고 굳게 믿으려 한다. 새로운 실마리가 번뜩하고 눈에 뜨인다고 생각한다. 이란 순간적인 눈 뜨임의 매력에 이끌려 나는 그 화려한 외출에 대한 미련을 떨쳐내지 못하는 것도 같다.

　먼지 낀 세간들이 울상을 하고 앉아 있어도, 오늘도 나는 여전히 작은 틈만 생기면 고개를 돌려 '임시 휴업'의 쪽지를 내걸어 놓고 외출을 하고 싶다.

중국 음식이 먹고 싶으면 으레 '쭝국집'이라는 된소리로 발음하게 되는 길가의 작고 허름한 집으로 가는 것이 낫다는 것이 평소의 생각이다. 아니 거창하게 생각이랄 것도 없이 몸에 밴 버릇 같은 것이다.

아무 때라도 불쑥 문을 밀치고 들어가면 적당히 우중충하고, 적당히 비좁고, 또 적당히 불결하게 느껴지기도 하는 꽃무늬 비닐 덮개가 탁자 위에 대충 깔린 그런 집이다. 탁자에서든 의자에서든 그 어디쯤에는, 언젯적 것인지 알 수 없는 말라버린 고춧가루가 한 두어 군데 붙어 있는 그런 곳에 들어가면 처음에는 좀 마뜩찮은 기분이 드는 것은 사실이다. 그러나 대부분 주방이 바로 곁에 있는지라 얼마 가지 않아 그곳에서 솔솔 풍겨오는 냄새에 취하게 되고,

이내 앞에 놓이는 갓 된 요리가 뿜어내는 뜨거운 김만으로도 조금 전의 그 머뭇거림은 언젯적 이야기냐는 듯 휑하니 달아나버리곤 한다. 아마 그래서, 꼭 된소리로 '쫑국집'이라고 발음하게 되는 그런 집이 골목마다 살아 있는 게 아닌가 싶다.

그러나 주로 "언제 한번 식사라도 함께 하십시다"로 약속이 되어 가게 되거나, 무슨무슨 이름이 붙은 날이나 혹은 대접을 하거나 그 반대 입장이 되어 가게 되는, 규모가 크고 현대적이며 겁이 나도록 깨끗한 그런 '중화요리집'은 사정이 많이 다르다.

그런 곳에 가야 할 일이 생기면 대부분 나는 약속 하루나 이틀 전부터 속이 먼저 더부룩해지고 어쩐지 편치가 않다. 부담스럽기 때문이다. 맛도 있고 괜찮은 집이라고 장안에 소문이 난 집일수록 내가 느끼는 부담의 크기는 더하다. 내게 그렇게 큰 부담을 안겨주는 원흉은 행여 진한 국물이나 간장 한 방울이라도 흘리면 어쩌지 하고 걱정이 앞서는 새하얀 식탁보도, 미니스커트 위에 구김살 하나 없는 앞치마를 꼭 액세서리라도 걸치듯 살짝 두르고 두 손을 가지런히 앞에 모으고 서 있는 아가씨들도, 또 그렇다고 해서 줄을 빳빳이 세운 바지에 짧은 윗저고리를 입은 그런 종업원들도 아니다. 그런 것들 중 상당한 부분은 "지금 세월이 어떤 세월인데" 하며 내 쪽에서 길들여진 척이라도 해야 한다.

그래야만 "당신 화성에서 왔수?" 하는 눈초리를 면하게 된다는 것쯤은 매사에 형광등이라는 말을 듣는 나이지만 그래도 눈치로 안다. 문제는 그들이 꼭 음식을 각자의 접시에 놓아주고 가는 데 있다. 매번 나는 그들이 내 몫이라고 나누어주고 간 것들을 다 먹지 못한다. 그것은 명절 끝이나 제사를 지낸 후, 어머니가 "옜다, 이건 네 모가치다" 하며 손에 쥐어주시던 밤 몇 알, 곶감이나 다식 두어 개 그런 것들과는 다르다.

평소 자신이 하는 일의 종류나 크기, 범위, 그런 것에 나는 지나치리만치 예민한 반응을 보이는 편이다. 나는 스스로의 한계를 마름질할 때마다 될 수 있으면 치마폭을 좁게 하려는 경향을 지니고 있다. 자연히 '뛰어보았자 벼룩'이라는 딱지를 나 스스로 내게 붙이게 되어, 혹여라도 누군가가 내게 그런 말을 해도 스스로 항의할 염도 내지 못하고 수긍 반, 체념 반으로 고개를 끄덕이곤 한다. 그렇게 융통성이라고는 털끝만큼도 없는 주제인지라, 먹는 음식의 종류나 양에서 뭐 그리 크게 벗어나겠는가? 집안에서 새는 바가지가 밖에서 새지 않을 리가 없다.

순서대로 이어져 나오는 음식들이 제때에 처리를 못해 식어 기름기가 엉긴 '내 몫'의 음식들을 쳐다보아야 하는 것은 정말이지 고역스럽기 짝이 없다. 임의로운 사람들과 자리를 같이 했을 때면 적당히 눈치를 보아가며 그 중 접시가 빨리 비는 쪽으로 슬며시 내 접시를 밀어놓기도 하고, 어떤 요리 순서에서는 미리 말을 해서 내 접시에는 놓지 못하게 하기도 한다. 그러나 그런 곳에서의 약속은 대부분 서로 예의를 차려야 하는 어려운 사람들끼리의 만남이 되기 십상이어서, 이렇게도 저렇게도 하지 못하는 경우가 많다. 그러다보면 음식은 자꾸 뒤로 처지다가 마침내는 추한 모습으로 퇴장하게 된다. 그런 몰골들을 보면 마음이 편하지가 않다. 소설이나 드라마 속에서 보았던, '평생을 사랑 한 번 제대로 받아보지 못하고 시들시들 죽어간 여인네의 얼굴'을 보는 것 같아 불편하다. 자연히 그런 곳에서의 약속은 달갑지가 않게 된다.

요즘 들어 '구호 단체'니 '봉사 활동'이니 하는 말에 자주 눈이 머문다. 나는 '내 몫'이라는 것을 너무나 작게 정해놓고, 그 속에서 편안하게 있으려는 겁쟁이인가보다, 라는 부끄러움이 이는 나날이다.

내 차례

여름 내내, 올해는 이상스럽게도 결석하는 사람 하나 없이, 목요일 아침이면 낯익은 얼굴들이 하나 둘 테니스장에 나타난다. 가만히 앉아 있어도 땀이 흐르는 판이니 공을 좇아 이리 뛰고 저리 뛰다보면 온 몸은 금세 땀으로 범벅이 되고 숨은 헉헉하고 턱에 차오른다. 그러면서 무슨 비밀 이야기라도 하듯, 만약에 이것이 누군가가 시켜서 하는 짓이라면 상대를 불문하고 당장 덤벼들어 싸움을 했을 것이라며 서로 웃는다.

함께 공을 친 것이 벌써 6년, 이제는 이미 각각의 구질과 성미, 능숙한 면과 그렇지 못한 면을 서로 훤히 아는 터라 한 게임을 하는데도 시간이 상당히 오래 걸린다. 엇비슷한 실력과 연륜을 가진 우리의 게임은 서로 자기가 담당해야 할 자리를 잘 지키느냐 지키지 못하느냐에 따라 대부분 승패가 갈린다. 그러나 공이 왔다 갔다 하는 그 순간순간에 자신이 서 있어야 할 자리를 정확히 또 재빠르게 안다는 일이 그렇게 쉬운 일도 아니며, 또 안다고 해서 그렇게 몸이 마음대로 되는 것도 아니다. 공은 쉴 사이 없이 날아가고 또 날아온다. 공을 좇아 이리저리 뛰다보면 좌우 전후로 자기편끼리도 위치가 바뀌는 일이 흔하다. 그때그때 바뀌는 상황에 따라 재빨리 자신이 현재 처해 있는 위치를 파악하고 다시 준비를 하든가, 공을 따라 뛰어나갔던 곳에서 제자리로 빨리 되돌아오든가 해야 한다.

그러나 극히 순간적인 일이기는 하나, 스스로가 멋진 샷을 날렸다고 생각들 때는 그 흥분에 도취되어, 또 실수를 했을 때는 파트너에게 미안하고 스스로에게는 민망함에 젖게 되어 제 위치를 깨닫는 일이 느려지게 된다. 그럴라치면 그 틈을 놓칠세라 상대편에서 날카로운 공이 날아와 손도 못 대고 끝나고 마는 일이 생기게 된다. 확실하지 않은 일에 입을 다물고 잠자코 있으면 그저 보통은 된다는 말이 있다. '입을 다물고 잠자코 있으면'이라는 말을 테니스 복식 경기에서는 '제자리를 지키면'이라는 말로 대신할 수 있다고나 할까.

결국은 이러한 자리지킴 혹은 그때그때 내 자리를 정확하게 찾는 일이 우리가 살아가는 길 위에서 가장 기본적인 밑바탕 요소가 되는 것이 아닐까 하는 생각을 가끔 한다. 물론 영화관이나 음악회의 입장권처럼 내가 앉을 자리가 몇 층, 몇 열의 몇 번이라고 정해져 있는 경우는 간단하다. 아무리 복잡하여도 좌석 배치도를 보고 미리 정해진 자리를 찾아 앉는 일은 누구라도 할 수 있는 일이다.

그러나 보이는 것도 만져지는 것도 없는 삶이라는 긴 여정 속, 숱하게 변화하는 주변의 상황에 맞추어 자기의 자리를 스스로 찾아 앉아야 한다는 일은 그것과 사정이 사뭇 다르다. 자칫 자신에게 태만하기라도 하면 놓쳐버리기 일쑤요, 자신이 나아가는 길에 정성을 덜 들이고 조금이라도 소홀하게 하는 듯하면, 그런 것이 존재한다는 사실조차도 알지 못한 채 지나가는 것이 허다한 듯하다. 그러면서도 결과적으로는 이 형체도 없고 힌트나 암시 같은 것은 더구나 없는 것이 삶의 빛깔과 그 모양을 엄청나게 다르게 해놓는다.

얼마 전, 모임이 있어서 어느 뷔페식당엘 갔었다. 접시를 들고 음식들을 기웃기웃하면서 몇 발짝 걷는데, 음식을 가득 담은 접시를 든 할머니 한 분이, "저쪽에도 좌석이 또 있수?" 하고 내게 말을 거시는 것이었다. 무슨 뜻인지 순간 의아해하면서, "아니요, 저쪽은 막혔던데요, 왜 그러셔요?" 했더니, 그 할머니는 매우 곤혹스러운 얼굴이 되어, "여기가 꼭 내가 아까 앉았던 자리 같은데 와서 보니 아니라서요"

하며 목을 길게 빼고 발길을 돌리시는 것이었다. 음식을 담으며 돌아다니는 동안 방향 감각을 잃은 것이리라.

　살다보면 잠시든 오랫동안이든, 이런저런 이유로 자신이 있던 자리에서 떠나야 할 일이 얼마나 많을 것인가. 가끔은 거울 앞에 서서 자신이 지금 어디에 서 있는지를 냉정한 눈으로 바라볼 수 있는 분별력을 키워가야 하는 것이 아닐는지.

하나의 처방

문득 모든 것이 시들하게 느껴지는 날이 있다. 주기적으로 찾아오는 것인지, 아니면 아무 때라도 불쑥불쑥 제 머리를 내미는 것인지 확실히 알 수는 없지만, 요것이 꼭 잊어버릴 만하면 배시시 문을 열고 발을 들여놓는다.

때때로 그것은 깊이를 알 수 없는 늪과 같은 것이 되어, 그곳에 일단 발끝이 걸리기만 해도 빠져나오기가 쉽지 않다. 그동안 자신을 지탱해온 많은 것들, 아끼고 사랑하던 것들, 최고의 가치를 두고 애지중지하던 것들이 갑자기 시큰둥해지고 하나같이 쓸데없는 것으로만 생각되어서, 급기야는 살아가는 일 그 자체에 뭐 그렇게 정성을 들일 필요가 있을까 하는 시건방진 생각에까지 이르게 한다. 지금 어중간한 내 나이는 그런 시들함 속에 빠지는 것이 가장 겁이 나는 일들 중의 하나이기도 하다.

　어떤 일이 생겼을 때 거기에 대응하는 개인의 자세에는 차이가 있을 것이다. 감기 기운이 느껴질 때 어떤 이는 재빨리 병원 문을 두드리고 또 어떤 이는 약국으로 달려간다. 그런가 하면 이불을 뒤집어쓰고 그저 저 혼자 실컷 앓아눕는 것으로 이겨보려고 애쓰는 사람도 있을 것이다. 그 중에서 나는 약국의 문을 두드리는 쪽이어서, 사는 것이 시큰둥해질 때면 억지로라도 일어서서 시장을 한바퀴 돌아오는 것으로 처방을 삼곤 한다. 멀리 떨어져 있는 큰 시장일수록 약효는 더욱 있다. 사람들과 이리저리 부딪히며 버스를 탄다. 매정한 느낌이 뒤통수를 잡아당겨도 시장 한쪽 구석에서 뭔가 조그맣게 난전을 펴놓고 있는 사람의 얼굴을 보아서는 안 된다. 차가운 길 맨바닥에 쪼그리고 있는 이의 앞에 놓인 빈 그릇으로 가던 눈길에도 힘을 주어 외면을 한다. 되도록이면 옆 눈을 뜨지 않고, 나는 오직 좀더 큰소리와 많은 사람들이 왁자하게 어우러져 있는 곳으로 섞여들어야 한다.

　그렇게 시끌시끌한 무리 속으로 덤벼들듯 들어서면, 첫번째로 나를 불러 세우는 것이 싼 것임을 강조하며 쉼 없이 외쳐대는 젊은 목소리다. 커다란 짐차 위에서 혹은 리어카를 끌며 지칠 줄 모르고 외쳐대는 소리가 시장 안의 모든 것은 물론 나 자신까지도 흔들어 깨우는 것 같은 느낌이 든다. 여기저기서 들려오는 경찰이나 경비원들의 호루라기 소리, 사방에서 언성을 높인 원색의 소리들이 줄사다리를 타고 서로 경쟁이라도 하듯 기어오르고 있다. 이제는 시장 어느 구석에서도 흙이 덕지덕지 묻은 채소를 거의 볼 수가 없지만, 그래도 왠지 슈퍼마켓의 진열대 위에 놓여 있는 것보다는 싱싱하게 느껴진다. 심지어는 이미 오래 전에 죽은 것임이 확실한 생선도 마치 방금 전까지 살아 있었던 것 같은 착각이 들기도 한다.

큰소리들 속에 섞이면서 나는 웬일인지 안심이 되고 편안해진다. 종손이신 아버지와 여러 형제들 틈에서 늘 시끌시끌하게 살아온 어린 날 탓일는지도 모른다. "아저씨, 천원만 깎아주세요", "자아, 본전에 드려요, 본전!", 깎고 깎아주며, 얼굴들이 꿈틀꿈틀 살아 움직인다. 자연스러운 본래의 얼굴이다. 나는 어디 먼 곳에서 자연의 세계로 되돌아온 느낌이 든다. 정가표가 붙어 있는 상품을 묵묵히 골라 담고 깨끗한 제복의 아가씨가 꾹꾹 찍어대는 계산기의 기계 소리를 듣는 것보다는 훨씬 살아 있는 맛이 난다.

노점 한쪽에서는 곰 인형이 뒤뚱뒤뚱 걸어 나오기도 하고, 토끼가 북을 치며 빙글빙글 돌기도 한다. 새빨간 몸뚱이를 가릴 만한 잎새 하나 없이 마른 가지 끝에 매달려 있는 홍시도 있다. 그러나 걸어 나오는 것은 곰 인형뿐이 아니고,

가지 끝에 걸려 있는 것은 홍시뿐이 아니다. 잊혀졌던 어린 날들이 뒤뚱거리며 다가오기도 하고, 나뭇가지 위에 덩그러니 눈물을 글썽이며 매달려 있기도 한다. 자세히 보면, 동네 어귀에 있던 커다란 은행나무도 보이고 높은 언덕배기에 있는 향교로 가는 하얀 길이 보이기도 한다. 저 만치 그 길 위에서 팔딱팔딱 뛰어가는 단발머리 계집아이도 보인다. 까맣게 잊혀졌던 어제들이 하나둘 살아서 다가온다. 어제를 생각하면 웬일인지 마음에 미소가 번진다. 나는 다시 순하고 무던한 아이가 되고 싶고 다소곳한 딸, 상냥한 엄마가 되고 싶다. 훈김이라고는 전혀 없는 네모난 집, 반듯반듯 각진 길, 예의와 교양이라는 이름으로 주문된 맞춤형 몸짓들, 그 속에서 벗어나고 싶어진다.

살아 꿈틀대는 시장을 한바탕 돌고 돌아올 때마다 그 속에서 떼어받는 것은 활력만이 아니다. 기억 속에 어제를 불러모아 만나다보면, 나는 다시 욕심이 적은 아이, 순하고 따뜻한 어른이 될 것처럼 느낀다. 그것이 때때로 조그만 가능성에라도 불을 지필 수 있는 삶의 용기를 주기도 한다.

중심 잡기

굽이 높은 구두를 신고 버스를 탈 때마다 체중이 한쪽으로 쏠리지 않도록 긴장하게 된다. 폭이 좁은 스커트라도 입은 날이면 더욱 그렇다. 아무 때라도 급브레이크를 콱콱 밟아버리는 운전기사의 기세 앞에서는, 머리 위에 대롱대롱 매달려 있는 둥그런 손잡이나 좌석 등받이가 그렇게 믿을 만한 것이 되지 못한다. 거기다가 하필 나보다도 훨씬 몸의 중심을 잡지 못하는 나이든 분이 옆에라도 서 있게 되는 날이면, 이리저리 쏠리며 넘어지는 그들에게 밀려서 중심을 잡는 것은 더욱 어려워지고, 어어! 하는 사이에 어떻게 해볼 수도 없이 같이 넘어지는 일도 예사다. 언제 어떻게 생겼는지 나 자신도 알 수 없는 시커먼 멍이 무릎 언저리에서 가실 날이 없었어도, 젊은 날에는 버스 속에서 중심을 잡는 일이 그다지 어렵다고 생각하지는 않았으나, 요즈음에는 요령부득으로 늘 부담이 따른다.

그러나 중심을 잡지 못해서 쩔쩔매는 것이 어디 버스 속에서 뿐이랴. 눈만 뜨면 쏟아져 들어오는 많은 정보의 홍수 속에서, 때로는 양심과 실리의 중간에서, 그리고 이론과 실제의 줄다리기에서 중심을 잡지 못해 쩔쩔매며 허둥대는 것이 바로 내 모습이 아닐까 생각되는 일이 잦다.

어제까지만 해도 건강에 좋은 음식이라고 귀를 시끄럽게 하던 것이 오늘은 갑자기 몸에 해로운 것으로 밝혀지거나, 옳은 길이라고 생각하고 고집하던 삶과 생활의 방식이 어느 날인가 갑자기 어리석고 아둔하다는 것을 어렴풋이나마 느끼게 되었을 때, 또한 그 당혹감으로 난 중심을 잃고 비틀거리는 일이 허다하다. 그렇게 축을 잃고 허우적대다보면 우주선 안에서 붕붕 떠다니는 것처럼 보이던 우주인들의 모습이 떠오르기도 한다.

수학적인 머리가 남보다 둔한 편이면서도 어릴 적에는 분도기나 컴퍼스에 상당한 호기심을 갖고 있었다. 특히 컴퍼스의 다리를 오므렸다 폈다 하면서 끝없이 원을 그려서 서로 다른 크기의 원이 맞물리게도 하고 덮어 싸안게도 하면서 여러 가지 생각하지 못했던 모양들이 쉽게 만들어지는 것이 신기했고 재미도 있었다. 어떤 크기의 원을 그려도 축이 되는 한쪽만 확실하게 고정시키고 있으면, 다른 한쪽 끝에 끼운 연필 끝이 떠난 자리로 틀림없이 되돌아오는 것을 보며, 이상한 충족감을 느끼고 있었는지도 모르겠다.

　대학을 졸업하던 해, 첫 취직 시험에서 나는 보기 좋게 떨어졌다. 특별한 재능이나 능력을 요구하는 직종도 아닌, 외국 항공 회사의 사무직이었다. 떨어진다는 것은 생각도 하지 못했었다. 알아보았더니 원인은 생각지도 않던 폐의 질환이었다. 나는 몹시 당황했다. 그것으로 인해 한동안 모든 것에 대한 방향 감각을 잃어버렸다. 그렇게 허둥대는 나를 보고 친지 한 분이 몸을 요양할 겸 거제도에 가서 한동안 머물다 오는 것이 어떨까 하는 의견을 내었다. 마침 있을 만한 곳이 있다는 것이었다. 그 이야기는 내게 유일한 구원의 소리로 들려왔다. 나는 아버지께 허락해주실 것을 말씀드렸다. 그러나 아버지는 한마디로 '안 된다'고 하셨다. 내게 아버지의 말씀은 법과 같은 것이었다. 나는 더 어찌 해볼 수도 없이 몇 날 며칠을 방안에서 훌쩍거렸다. 그리고 1년 후, 몸은 완쾌되었고 중심을 잃고 허둥대게 했던 이런저런 설움도 말끔히 사라졌다.

　이상스럽게도 요즈음, 그때의 아버지의 말씀이 생각나는 일이 잦다. 몸도 마음도 단단하지 못했던 그 상황에서 가족을 멀리 떠나지 않았던 것은 아주 잘한 일이라는 생각을 한다. 아버지는 내가 갖고 있던 컴퍼스의 축이셨고, 나는 그 한쪽 끝에 끼워진 연필 토막이었다는 생각을 그리움에 섞어 하기도 한다.

　가끔 텔레비전을 통해서 높고 좁은 평균대나 매트 위에서 몸을 가볍게, 리드미컬하게 움직이는 체조 선수들을 본다. 두 발을 사뿐사뿐 교차시키며 우아하게 걷기도 하고 폴짝폴짝 뛰어오르기도 두 바퀴 세 바퀴 몸을 회전시키기도 한다. 하나의 동작을 할 때는 물론 다른 동작으로 옮겨갈 때도 전혀 흐트러짐이 없이 이어진다. 고난도의 기술을 펴보인 후의 착지에서도 중심을 잡고 두 팔을 위로 올려 우아한 포즈를 취한다. 사람의 몸이 아슬아슬한 상황에서도 흐트러지지 않고 안정감 있는 균형미를 취하는 것을 보고 있노라면 나는 저절로 입이 벌어진다.
　매일 매일의 늘 반복되는 일상의 틀에서 조금이라도 벗어나는 일이 생길 때마다 나는 심하게 겁이 난다. 내 자신 축이 단단한 컴퍼스를 가지고 있는지 확신이 서지 않고 두렵기 때문이다. 길가에 버려진 고장 난 앉은뱅이저울처럼, 내 위에 올려진 것의 무게 하나 제대로 파악하지 못한 채, 계속해서 빙글빙글 헛바늘만 돌리고 있게 될까봐 겁이 나는 것이다. 중심을 잡지 못하고 허둥대는 모습만은 주위에 보이고 싶지 않다. 정말로 내가 하고 싶지 않은 일들 가운데 하나다.

질철부색

집안에 덩그러니 혼자 남게 되는 아침 시간이면 때때로 나는 엄청난 부자처럼 느낀다. 조간 신문이나 읽을거리 한 두 개에다 차라도 한 잔 앞에 놓고 앉아 있노라면, 행복이란 것이 뭐 별건가 하고 선뜻 말할 수 있는 용기까지 가끔은 생기기도 한다. 그 기분이란 따뜻한 물 속에 몸을 목까지 담그고 앉아 있을 때의 그 마음의 여유로움이라고나 할까. 마침 오늘 아침, 그런 기분에 막 젖어드는 참에 밖에서 느닷없이 "울 엄마한테 이를 거야"라는 울음 섞인 목소리가 들려왔다. 내다보았더니 집 앞의 작은 놀이터 미끄럼틀 앞에 사내아이 서넛이 몰려 있었다. 아마도 서로 먼저 올라가려다가 싸움이 생긴 듯했다.

아이들이 모인 곳에서는 어디서나 흔히 들을 수 있는 "울 엄마한테 이를 거야"라는 소리가 오늘따라 예사스럽지 않게 들리는 것은, 눈물로 범벅이 된 조카 녀석의 얼굴이 떠올랐기 때문이었다.

지난 달, 형제들이 어머니를 모시고 모두 모였던 날이었다. 두 시동생 내외와 시누이 내외가 함께 식사를 끝낸 후, 막내 동서가 싱크대 위에 잔뜩 쌓인 빈 그릇들을 씻기에 여념이 없을 때였다. 다섯 살짜리 조카가 집이 떠나갈 듯 소리 내어 울면서 달려오더니, 눈물 콧물로 범벅이 된 손으로 제 엄마 치맛자락을 끌어 잡아당겼다.

"엄마, 큰아빠 좀 야단쳐. 자꾸 날 약올린단 말이야."

부엌에 나란히 서 있던 우리는 서로 얼굴을 쳐다보며 터지는 웃음을 참을 수 없었다. 제 엄마에게 큰아빠의 존재라는 것이 어떤 것인지 알기에는 아직 어린 나이다. 엄마를 이 세상에서 가장 전지하고 전능하신 하느님과 같은 높이에 올려놓고 있는 나이다. 웃음소리는 부엌을 지나 거실에까지 퍼져나갔다.

요즈음, '전천후'라는 말이 여기저기서 아주 흔하게 들려온다. 그 말이 맨 처음 내 귀에 다가선 것은 어떤 냉장고의 광고 문구에서였다고 기억한다. 계절이나 그때그때 쓰는 사람의 필요에 따라 냉장실과 냉동실을 크게 혹은 작게 조절해서 쓸 수 있도록 고안했다는 선전이었다. 그 후, 우리가 일상에서 사용하는 모든 물건이 그렇지 않으면 큰일이라도 나는 듯 전천후라는 말을 등에 업고 쏟아져나왔다. 겨울에도 스노타이어로 갈아끼울 필요 없이 사계절을 두루 쓸 수 있다는 자동차 타이어에서부터, 한 개로 냉풍도 온풍도 낼 수 있다는 선풍기, 그런가 하면 지붕에 돔을 씌워 만든 실내 테니스 코트를 전천후 코트라 부르기도 하고, 장난감 자동차도 수륙 양용의 자동차라고 떠들어댄다. 또 비록 이름에는 차마 그렇게 붙이지 않았어도, 실제로는 그 이상의 의미를 내세우는 것 또한 수두룩하다. 물 속에 들어가도 지워지지 않으며 밖에 나오면 그대로 자외선을 차단한다는 화장품이 있는가 하면, 어떤 상황에도 구애받지 않고 아무 때라도 이착륙을 할 수 있는 비행기도 있다고 한다. 전방위 외교라는 말도 심심찮게 신문지상에 오르내린다.

얼마 전에는 안방을 뜯어야만 할 일이 생겼었다. 그런데 며칠 동안 집안을 들락거리던 인부들 가운데, 미장일이든 전기 공사든 벽지 바르는 일이든, 모든 일에서 인부들을 독려해가며 함께 일을 하는 이가 있었다. 일하는 품이 하도 시원시원하고 믿음직스러워, 나는 고장이 난 전기밥솥 고치는 일이며 커다란 액자를 벽에 거는 일도 그이 앞으로 슬며시 밀어놓은 꼴이 되었다. 그러다가 나도 양심이 있는지라 미안해요, 하는 얼굴을 하자, "괜찮습니다. 일을 다녀도 이것저것 다할 수 있어야 능률도 더 나고 마음도 편합니다" 하는 것이었다. 사람도 전천후식이 되어야 자기 스스로 나 타인을 편하게 하는구나 하는 느낌이었다.

주위를 둘러보면 모두가 바쁘다고 야단이다. 낮에 친구에게 전화를 걸었을 때 수화기에 친구의 목소리가 나오면, "어? 집에 있었어?"라는 말이 나도 모르게 튀어나온다. 생활을 위해서 무엇인가를 배우려 하고, 취미를 위해서도 무엇인가를 배우려고 돌아다닌다. 제각기 운동을 하고 봉사활동을 하고 종교 생활 또한 예전보다 훨씬 적극적이다. 집안에서의 응급 조치를 위해서라며 수지침이니 뭐니, 침술까지도 익혀두려고 한다. 예전에는 어떤 특정인에게만 해당된다고 생각했던 많은 것들이 이제는 대부분의 사람들이 자기 몫의 일이라고 여기는 듯도 하다. 너도 나도 전천후식 팔방미인이 되려는 것 같다. 네댓 살 꼬마가 찾던 엄마라는 만병통치약, 전지전능한 전천후의 이미지가 실상 우리 모두에게 덧씌워진 듯하기도 하다.

그러나 따져보면 그런 전천후식 엄마의 이미지가 사실 그렇게 오래가는 것은 아니다. "엄마한테 이를 거야"는 얼마가지 않아 "엄마는 몰라도 돼"로 바뀌고, 그다음에는 "제가 알아서 할 테니 내버려두세요"가 된다. 그리고 머지않아 숫제, 입도 코도 눈도 없이 방 한쪽 구석에 놓인 도자기쯤으로 여기게 되는 것이다. 두루두루 쓸 수 있는 전천후식 제품들이 슬슬 전문성을 띤 제품들에 밀려 뒷걸음치고 있는 것이 대부분이다.

  시간이 지나면 유행처럼 사그라질 전천후식 팔방미인보다 역시 기본적인 것을 고집하는 사람이 그립다.

기계채, 음채, 천채

　매사에 소극적으로 살아온 습관 탓일까, 아니면 그것이 천성일까. 기계라면 작은 라디오 하나 제대로 만질 생각을 않고 여태껏 살아왔다. 그러면서도 크게 불편하다거나 그다지 낭패스런 일이 없이 살아왔다고 생각하는 편이지만, 그것은 어디까지나 나 혼자만의 생각뿐일는지도 모를 일이고, 그런 일에 능한 사람의 입장에서 본다면 한없이 불편하고 미련스럽게 살고 있는 것인지도 모른다.

　그러나 근년에 이르러 사정은 사정없이 바뀌어, 기계라는 것이 치마폭을 자꾸만 넓혀가더니, 내가 안심하고 편안하게 앉아 있는 조그만 내 가정의 문턱을 넘어서 속속 들이닥치기 시작하였다. 오래 전에 나온 가전제품이라는 것들도 더욱 발전되고 복잡한 기능을 덧대어 해마다 새롭게 등장하였고, 내 평생을 그런 것하고는 아무런 상관도 없이 살 것만 같았던 팩시밀리다 복사기다 컴퓨터다 하는 것들조차도, '앞으로의 삶을 위하여'라는 이름 아래 내 곁으로 야금야금 기어 들어왔다.

새로운 것들이 하나 둘 내 집 문지방을 넘어올 때마다, 나는 먼저 겁이 덜컥덜컥 나서, 그것이 내게 필요한 것인지 어떤지를 이성적으로 따져보기도 전에 우선 골을 부리거나 짜증을 내었다. 그리고 그 다음 단계는 그것을 되도록이면 쳐다보지 않고, 안 쓰고, 그런 것이 거기에 있는지 무관심하게 구는 일이었다. 그러나 거기에도 한계가 있는지라, 그렇게 실컷 피하다가 더 이상 어쩔 수 없는 지경이 되면, 남편이나 아이에게 구박과 핀잔을 들어가며 가르쳐달라고 한다. 그러면서도 큰 유세를 하듯, 가장 간단하고 기초적인 것만을 쉽게 딱 한마디로 설명하라고 적반하장격으로 으름장을 놓는다.

그러나 그것도 그렇게 호락호락하지가 않다. 언젠가는 학교에 가고 난 아이의 빈 방에 들어갔다가 카세트 라디오가 저 혼자 떠들고 있는 것을 발견했다. 듣는 이가 없는 방에서 흘러나오는 소리는 필요 이상으로 나를 당황시켰다. 내 딴에 그럼직해보이는 버튼을 찾아 이것저것 서둘러 눌렀다. 그러나 나를 불안하게 만드는 그 소리는 여간해서 멈추지 않았다. 하는 수 없이 나는 전원의 플러그를 뽑아버리고 말았다. 나중에 그 이야기를 듣고 아이가 짓던 표정이라니 ···.

테이프를 갈아끼우는 일도, 디스크를 뒤집는 일도, 복사를 하는 일도 매번 아이를 불러댔다. 그렇게 겨우겨우 이 현대 속에 끼어 목숨을 간신히 풀칠하여 연명하듯 살고 있는 판에 무엇 하나라도 작동이 제대로 되지 않는 일이 생기면 나는 그만 너무나도 속수무책이 되어, 그동안 너무 편리하고 신통하다고 생각까지 하며 사용하던 멀쩡한 것을 통째로 그만 내다버릴까 하는 생각마저 드는 것이다.

더욱더 세상은 나 몰라라 하고 냅다 앞으로만 달려나간다. 기계들은 점점 구체화되고 전문화되어서 나에게는 그것들이 점점 더 무시무시한 존재로만 비쳐온다. 기술의 발전이다 진보다 하는 것이 내게는 단지 너무 복잡하고 짜증나고 겁나는 것뿐이다.

그러나 세상은 그런 나를 모른 척했다. 드디어 내가 하는 일에도 워드프로세서다 컴퓨터다 하는 것들이 들어와야 할 상황이 되었다. 그리고 요즈음 나는 그런 기계들에 짓눌려 밥맛도 소태를 씹는 심정이고 살맛도 까칠해져버렸다. 집에서 밤늦게까지 일하던 날, 잘 시간이 되어 자기는 자야겠는데 스위치를 끄면 그동안 써놓았던 원고가 몽땅 '망각의 세계'로 흔적도 없이 날아갈 것만 같아, 한참 신나게 자고 있는 사람을 흔들어 깨웠다가 핀잔을 듣기도 하고, 입력이라는 글씨가 선명하게 화면에 떠도 도저히 믿을 수가 없는 심정이어서 몇 번이고 다시 불러내 확인하기 일쑤며, 때로는 그것도 모자라 눈에 보이게 인쇄를 해놓고야 비로소 잠자리에 들기도 한다. 평생을 옆구리에 끼고 살아온 음치(音癡)라는 이름 외에 기계치(機械癡)라는 이름을 또 붙여야 할 판이다.

며칠 전 어느 날이다.
집에 돌아와 초인종을 눌러도 안에서는 아무런 기척이 없었다. 집이 빌 시간이 아니기 때문에 참을성 있게 계속 눌렀다. 온갖 좋지 않은 장면이 머리에 떠오르는 것을 애써 털어내며 한 번만 더 하는 심정으로 다시 힘을 주어 누르던 나는 그제야 손끝에 오는 느낌이 전과 다르다는 것을 알았다. 초인종이 고장 난 것이었다. 있는 힘을 다해 문을 두드려 내가 문 밖에 서 있다는 것을 안에서 알아차리기를 기다렸다. 그러나 여전히 아무 반응도 없는 고요가 나를 한없이 막막한 공간 속으로 떠다미는 느낌이었다. 바로 그 순간이었다. 얼마 전의 어머니 말씀이 엉뚱하게 떠올랐던 것이다.
멀리 다른 나라에 가서 살고 있는 동생이 잠시 돌아왔기 때문에 그동안 헤어져 살고 있는 형제들이 모이는 일이 잦았었다. 그러던 어느 날, 그날도 우리들끼리 실컷 이야기를 하다가 이윽고 서로 헤어질 때쯤에, 무슨 큰 선심이라도 쓰듯 어머니에게 "평소 저희들에게 서운하셨던 점이 있으면 이럴 때 말씀을 하세요"라고 했다. 그러나 내년이면 팔순이 되시는 어머니는 좀체 입을 여실 기미가 없으셨다. 딸값을 하느라 내가 옆에서 쿡쿡 어머니 무르팍을 찔러댔지만, 어머니는 "즈이들이 알아서 하는 일, 내가 할 말은 뭘", 하는 한마디뿐이셨다.

어머니는 진작부터 자식이라는 것을 고장 난 초인종쯤으로 여기고 계셨던 것이 아니었을까. 자식이라는 것은 영원한 천치(天癡)일는지도 모른다는 생각이, 고장 난 초인종이 내게 가르쳐준 셈이다.

앞으로 내 이름 위에 또 몇 개의 이름이 '치(癡)' 자 돌림을 하고 등장할 것인지, 갑자기 두려운 생각마저 든다.

나만의 변덕

나는 시력이 약하다. 양쪽 시력이 모두 0.0 이하로 떨어지는 수치이니까, 주위에서 장식품을 달고 다닌다고 놀려도 대꾸할 말이 없다. 그러나 평소 나는 안경을 쓰지 않으며 또 콘택트렌즈라는 것도 여태 한 번도 끼어보지 않았다. 늘 안경을 가방 속에 넣어가지고 다니다가 필요하다고 생각이 들 때만 꺼내어 쓴다. 그러자니 번거로울 때가 한두 번이 아니고, 또 그 약한 시력 때문에 알게 모르게 내 뜻하고는 아무런 상관도 없이 저지른 실수 또한 헤아릴 수 없이 많다. 그러면서도 안경을 늘 낀 채로 지내고 싶지는 않다. 지금껏 그런 내 눈으로 보아온 하늘이나 나무, 바람과 태양의 빛깔이 본래의 제 모습이라고 고집스럽게 우기며 살고 싶어서다.

안경을 끼지 않은 눈으로 내다보는 세상은 훨씬 여유롭다. 하늘에서 내려오는 눈이나 비, 바람까지도 실제보다 풍성해보여 쉽게 꿈속으로 젖어들 수 있어 좋다. 또한 내 눈에는 집안 구석구석의 먼지 따위가 잘 띄지 않으니 언제나 깨끗해보여 마음이 놓인다.

유난스럽게 햇빛이 밝은 겨울 한낮, 언뜻 쳐다본 유리창도 말끔하게 닦여 있는 듯하여 생활을 맡고 있는 내가 우등생인 것 같은 착각을 하게 하기도 한다. 올려다보는 밤하늘에 별들이 빼곡히 들어차 서로 비비대며 넘쳐흐르듯이 보이는 밤이 있는가 하면, 그때그때 자리하는 내 마음의 상태에 따라서 텅 빈 밤하늘이 되기도 한다.

그럴 때면 나는 즐겨 그 빈 하늘에 우울한 갖가지 생각들을 하나하나 소망과 환상의 옷으로 갈아입히고 찬란하게 장식해가며 서슴없이 시인이 되어보기도, 소설 속의 주인공이 되어보기도 한다.

그러나 한편, 이런 약한 내 시력은 내 시계(視界) 속으로 들어오는 모든 것에 대하여 '이것은 무엇이다'라는 확신을 스스로가 갖기 어렵게 한다. 그것은 안개가 자욱한 새벽, 익숙하지 못한 길을 가는 것처럼 나를 지나치게 조심스럽게 만들기도 하지만, 새로운 것에 대담하고 용기 있게 다가서지 못하는 소극적인 나를 만들어놓은 확실한 이유가 되기도 한다. 그래서 어느덧 매사에 머뭇머뭇하고 쭈뼛쭈뼛

하는 태도가 나의 것으로 굳어져서 고칠 수 없는 천성처럼 되어버렸다는 것을 나는 안다. 때때로 그런 나 자신을 답답해하는 날들이 있기도 하지만, 그러한들 지금에 와서 내가 무엇을 어떻게 할 수 있겠는가.

가끔은 그런 좌절감이 나를 심하게 괴롭힐 때가 있고, 그런 날이면 살아가는 일 그 자체에 맥이 풀려버리고 싫증이 난다. 그렇게 덮쳐온 회색의 그림자가 서서히 내게서 모든 힘을 앗아갔다고 느낄 때면, 나는 아무도 몰래 감추어두었던 어떤 비방이라도 써먹듯이 안경을 꺼내어 쓰고 새로운 세계 속으로 들어간다. 새롭게 드러나는 구름의 표정이라든가 나무 잎새에서 일렁대는 바람의 몸짓 같은 것으로 해서, 축 처진 마음이 다소 팽팽해지는 것을 느끼게 된다. 그러한 신선한 자극을 얻기 위해서 평상시에는 짐짓 안경을 쓰지 않는 것이라고 생각할 정도다.

그러나 그것도 잠시일 뿐, 자세히 잘 보이는 세계에 나는 곧 싫증을 느끼고 더욱 곤혹스러운 심정이 되어버린다. 어쩌다 안경을 낀 채로 거울 속의 나를 바라볼 때도 그렇다. 웃고 있는 스물대여섯의 팽팽한 나는 어디로 가고, 양 볼이 축 처진 오십을 바라보는 낯선 한 여자를 그곳에서 만난다. 순간 나는 길을 잘못 들어선 사람처럼 당혹감을 느끼며 슬그머니 안경을 벗어버리고 눈을 감아버린다. 그리고 잠시 후 눈을 뜨면, 나는 아직도 가능성이 있을 성싶은 쓸 만한 여자로 거울 속에 남아 있게 되는 것이다.

  나는 이런 약한 시력으로 나를 보고 세상을 보며 하늘을 보고 행복해 한다. 정확히 도수를 맞추어 낀 안경을 쓰고 보면, 쌀집 아저씨가 됫박 속의 쌀을 싹싹 밀어내고 있는 방망이의 불룩한 배가 눈에 들어온다. 어느 곳에서나 핏발이 선 눈동자를 만나게 되고 미움과 시기로 꿈틀대는 살갗의 떨림이 보인다. 흥정에 오고가는 눈짓이 보이고 표현된 언어 그 뒷면에서 웃어대는 조롱의 몸짓이 보인다. 나는 그러한 것들을 감당해낼 자신이 없다. 가능한 한 그것들은 그대로, 언제까지나 내 세상 밖에 머물도록 놔두고 싶다. 눈을 뜨면 어느덧 다가서 있는 새로운 나날 속에서, 비록 나뭇잎 새에 일렁이는 바람의 얼굴이나 산등성이를 힘겹게 넘어가는 해님의 기진한 땀방울을 보지 못한다 해도, 나는 안경을 늘 쓴 채로 살아가고 싶지 않다.

  나는 세상 모든 것에 언제나 일정한 거리를 유지하며 살고 있는 셈이다. 나는 내 앞에 놓인 이 거리를 사랑한다. 약한 시력이 만들어내는 공간, 아무도 발을 들여놓을 수 없는 나만의 이 빈터를 나는 사랑한다. 그 속에서 나는 남이 눈치 못 챌 만큼 슬쩍, 살기에 가쁜 숨을 몰아 쉬기도 하고, 남의 시험지를 훔쳐보는 아이처럼 먼저 살아온 이들의 삶의 색깔들을 훔쳐내, 내 주위를 슬그머니 칠해보기도 한다. 밝지 못한 시력으로 해서 그동안 내가 잃어버린 것이 설령

남보다 많았다고 해도 아직은 그 상실감으로 하여 발을 구르고 싶지는 않다.

마음의 벤치

 집으로 오는 길, 긴 언덕배기를 한참이나 올라와 숨이 턱턱 막힐 때쯤이면 길 한쪽에 진한 다갈색 의자가 하나 놓여 있는 것이 보인다. 먼 시장을 다녀오느라 큰 꾸러미를 손에 든 날은 물론, 책을 두어 권 들었거나 어깨에 핸드백 하나를 달랑 메고 돌아오는 날도, 지하철역에서 걸어 올라오다 그쯤에 이르면 잠시 앉아 쉬어갔으면 하는 유혹을 어김없이 받게 된다. 딱 그만한 위치에 놓였기 때문인지, 그것은 마치 "힘드시지요? 좀 앉았다 가세요" 하고, 언제나 손을 다정하게 내밀고 있는 듯했다. 햇빛 밝고 바람조차 조용히 잠들어 있는 그런 날이면, 나이 지긋하신 동네 할머니들이 앉아 해바라기를 하시고 있는 것이 눈에 띄기도 하고, 뒤뚱뒤뚱 걸음마를 하는 아기를 데리고 나온 젊은 엄마의 따뜻한 몸짓이나, 집집마다 요구르트나 우유, 주스 같은 것들을 배달하는 아줌마들이 짐을 실은 손수레를 옆에 세워두고 잠시 앉아 있는 모습이 눈에 띄기도 한다.

그러나 햇살을 흠씬 받으며 누군가가 앉아 있을 때나, 아파트 사이 골목을 돌아나가는 바람 속에 빈 의자로 홀로 남아 있을 때나, 그 앞을 지나노라면 나는 실제로 다리를 접고 그곳에 앉지 않아도 잠시 쉰 듯한 그런 느낌을 얻는다. 가쁜 숨을 몰아쉰 후의 여유 같은 것이 바라보는 것만으로도 얼마간 생겨난다고나 할까, 흔히 잘 차려놓은 음식상을 보면 먹지 않아도 배가 부르게 느껴지는 것과 어딘가 통하는 느낌이다.

못 견디게 그림을 좋아해서도 아니고, 평소에 특별히 관심을 가져온 작가의 작품이 전시되어 있는 것도 아닌데, 나는 가끔 과천에 있는 국립현대미술관엘 찾아간다. 전시된 작품들을 대충 보아서는 대부분 뭐가 뭔지 이렇다할 특별한 느낌을 얻지는 못한다. 다가가 작품명을 읽어보고, 다시 그 작가가 제시한 주제를 생각해본다. 이 작가는 왜 이런 방식으로 표현하려고 했을까 머리를 짜내보기도 하지만, 나는 막연하기만 할 뿐이다. 그러면서도 발등이 통통 붓도록 돌고 또 돈다. 마치 숙제를 받은 아이처럼 한 점도 빠뜨리지 않고 구석구석 살피며 도는 경우가 있지만, 기억 속에 유달리 남아 있는 작품만 골라 찾아가 그리운 얼굴을 대하듯 반갑게 바라보다가 돌아오는 날도 있다. 또 그런가 하면, 때로는 그림은 하나도 보지 않고 찻집에 앉아 커피만 한 잔 마시고 나와, 시간이 허락하는 만큼 두어 시간 아무 데나 엉덩이를 붙이고 앉아 멍하니 과천의 하늘을 바라보다가 돌아오는 날도 있고, 아예 본관에는 들어가지도 않고 야외 조각 작품들 사이로만 빙빙 돌다가 그냥 돌아오는, 그런 날도 가끔은 있다.

  지금은 대공원의 놀이동산이 바로 미술관 턱밑에 생겨나서 개관할 즈음의 그 호젓했던 느낌은 많이 바래져버렸고, 구불구불 마치 하늘을 향해 곧장 올라가는 듯했던 미술관으로 가는 길도 상당히 번잡스럽게 변해버렸다. 뜰에 나와 온몸에 힘을 빼고 무심히 앉아 있다보면, 놀이동산 유희 시설 쪽에서 들려오는 기계 소리에 퍼뜩퍼뜩 놀라기도 한다. 그럴 때마다 놀이동산 전체가 하나의 움직이는 조각 작품이라고 생각하기로 하자, 하고 자신을 달래보기도 한다.

  맑은 햇살과 바람 속에 고즈넉이 앉아 있다고 해서 무슨 대단한 생각을 하는 것은 아니다. 풀밭 가까이에 앉아 있게 되는 날엔 바람결에 흔들리는 풀잎들을 멍하니 바라보는 것이 고작이고, 발밑을 기어가는 개미 가족이 눈에 뜨인 날은 개미떼를 눈으로 좇아가서 개미굴을 찾아내기도 한다. 또 반들반들 윤이 나는 대리석 조상 옆에라도 앉게 되는 날이면, 햇살이 돌 위에서 다시 튕기며 만들어내는 형형색색의 빛깔 속에서 프리즘 통을 들여다보며 놀던 어린 날을 잠시 떠올리기도 한다.

'작품에 손대지 마시오'라고 써붙인 팻말쯤, 야외 조각 앞에서는 별로 존중받지 못한다. 돌 조각품에 살짝 손을 얹어 손바닥을 통해 전해오는 그 차디찬 느낌을 즐기기도 한다. 이상하게도 그런 순간들에, 나는 그것들을 쪼며 몰입하였을 작가의 투명한 영혼을 조금쯤 나누어 받는 듯한 기분을 느낀다. 예술 작품을 이해한다는 것도, 결국 그것을 창조한 사람을 사랑하게 되는 일이 아닐까 하는 생각도 잠깐 한다.

이 작품 저 작품, 발이 붓도록 서서 돌아보고 오는 날도, 꼼짝 않고 한 귀퉁이에 앉아 있기만 하다가 오는 날도, 난 한동안 잘 쉬고 돌아왔다는 느낌을 받는다. 언제부터인가, 나는 그곳을 마음속의 벤치로 삼고 있는 셈이다.

벤치란 굳이 휘휘 늘어진 커다란 나뭇가지 아래가 아니어도 좋을 것이다. 호젓한 호숫가나 푸른 잔디가 동화 속의 한 장면처럼 펼쳐진, 그런 곳이 아니어도 좋다. 하기야 고색창연한 돌담이라도 끼고, 떨어져 수북이 쌓인 나뭇잎들이 발등을 덮는, 그런 곳에 숨죽이듯이 놓여 있는 것이라면 더욱 좋을 것이다.

그러나 이 일 저 일에 치여 사는 틈바구니에서 때맞추어 그런 곳을 찾아가길 꿈꾼다는 것은 지나치게 사치스런 이야기가 될 것이다.

잡지 한 귀퉁이에서 만난 이름 모를 시인의 시 한 구절, 바람 따라 흘러가는 하늘의 구름, 어느 사이엔가 삐죽이 내밀고 나온 화분 속 양란의 새 잎 하나, 돌아서기만 하면 눈에 들어오는 것들 속에 마음의 벤치를 하나씩 장만해두면 어떨까 하는 생각을 해본다. 마음속에 늘 온기를 지니고 산다면야, 여기저기 생활 속 틈바귀에 여러 개의 벤치를 놓아두고 살 수도 있지 않겠나 하는 욕심을 부려본다.

5
사라진 화살표

호랭대 작은 꿈

　새 학년이 된 후, 아침마다 무척이나 긴장된 얼굴로 집을 나서는 중학교 2학년 딸아이가 오늘은 상당히 부드러워진 표정으로 돌아왔다. 아이의 기색을 따라 덩달아 느긋해진 엄마의 마음이 입을 열어 채 묻기도 전에, "오늘 맨 마지막 시간에 장래의 희망을 적어내라고 하셨어요" 한다.
　"나는 이다음에 커서 과학자가 될 거야" 하고 혀 짧은 소리로 종알대던 것으로부터 시작하여, 그동안 여러 차례 변해온 아이의 꿈이 지금은 어느 하늘가를 날고 있을까 내심 궁금하기도 하여 바짝 다가서는 내게, "하고 싶은 것, 되고 싶은 것이 너무 많아서 하나만 골라 적을 수가 없다"고 써냈다며, 엄마를 보고 혀를 날름 내밀며 웃는다. 그 난에 적어넣기 위해 이런저런 자신의 미래의 모습을 상상해보는 동안에, 아이를 감싸고 있던 학기 초의 그 긴장감이 슬며시 사라졌나보다. 그리고 보면 아이의 꿈은 이제 훨씬 폭을 좁혀 제법 구체화되고 있는 듯하기도 하다.

"너의 꿈이 무엇이냐" 하고 내가 맨 처음 질문을 받은 것은 초등학교 5학년 때라고 기억한다. 전학을 온 지 얼마 되지 않아 모든 것이 낯설기만 했던 충청북도 옥천에 있는 조그마한 학교에서였다.

"저는 선생님이 되고 싶어요. 아이들을 차별하지 않는 선생님이 될래요."

어째서 굳이 차별하지 않는 선생님이라는 주를 달았는지, 그때의 여린 마음자락을 애석하게도 지금 그대로 기억할 수는 없다. 다만 지금도 꿈 이야기만 나오면 생생하게 떠오르는 것은 그때의 선생님 말씀과 부끄럽고 무안하여 얼굴을 들 수 없었던 그 기억뿐이다.

"꿈을 크게 가져야지, 고작 그런 선생님이 되는 게 꿈이야?"

그러나 가만히 생각해보면 이 나이가 되도록 내가 곁에 두고 살아온 것은 모두 '고작 그렇게 작은 꿈'들뿐이 아니었나싶다. 중고등학교를 거치는 동안 귀가 닳도록 들어온, "소년이여, 야망을 가져라!"라는 저 유명한 구절도 내게는 단지 영어로 쉽게 단숨에 외울 수 있는 하나의 문장에 지나지 않았으며, 나하고는 관계가 없는 다른 세상의 먼 이야기였다.

애초부터 나는 그렇게 작게 자랐다. 그렇게 큰 야망 같은 것은 품은 적도 없이 대학엘 갔고 또 그렇게 거창한 꿈을 그리지도 않고 결혼을 했다. 작은 부엌에서 일을 하며 돌아서다가 긴 치마 끝자락을 연탄 화덕에 여러 차례 태우면서도 먼 곳에 있는 것에는 별로 시선을 주지 않았다. 아이를 낳아 키우면서는 아이가 크게 나를 놀라게 하는 일이 없는 것을 다행으로 여겼고, 그 아이가 유치원에 들어갈 즈음에는 저 아이가 중학생이 되었을 때 "엄마랑은 말이 안 통해" 하며 토라지는 일이 없었으면 했고, "마누라하고는 도대체가" 하며 남편이 혀를 차고 고개를 돌리는 일이 없었으면 했다.

그리고 지금도 나는 하루 또 하루를 그렇게 바라며 산다. 작은 틀 속에서 조그맣게 꼼지락꼼지락 하며, 문득문득 드넓은 하늘이 궁금해질 때는 긴 목을 울타리 밖으로 더욱 길게 빼내어 기웃기웃 해본다. 무엇을 하든 거창한 꿈같은 걸 갖지 않는다. 그냥 지금을 열심히 산다는 기분이다. 그리고 때때로 생각한다. 그것이 아무리 작은 것일지라도 아주 오랫동안 고집스럽게 사랑하는 일이 바로 큰 꿈을 품는 것이 되는 게 아닐까 하고. 내가 생각하는 큰 꿈이란 바로 자신을 사랑하는 일이며, 그것이 진실한 삶의 모태가 된다고 믿기도 한다.

지금쯤 누군가가 내게 하얀 종이를 내밀고 당신의 꿈을 적어넣으라 한다면, 나는 또 여전히 '형편없는 마누라, 말이 안 통하는 엄마가 되지 않는 것'이라고 적어넣을 것이다.

"고작 그게 꿈이야?" 하고 어릴 적 선생님처럼 또 누군가 웃을 것이다. 그러나 나는 왠지 그때처럼 그렇게 부끄럽거나 무안하지는 않을 것 같다.

자명종

 누군가 내 뺨을 거듭 때리고 있었다.
 "정신 차리세요! 내 말 들려요?"
 이쪽저쪽 뺨을 번갈아 때리며 외쳐대는 소리가 상당히 먼 곳에서 울려오는 듯, 아득하게 들려왔다. 눈을 떴다는 감각은 없었지만 희미한 형광등 불빛이 보였다. 이어서 사람들의 모습이 하나둘 나타나기 시작하고 하얀 벽이 나를 향해 서서히 다가오는 것을 느낄 수가 있었다. 나는 그렇게 깨어났다.
 10년도 훨씬 더 전의 일이다. 몹시 춥던 겨울, 연말이 가까운 날이었다. 밤 열두 시가 다 된 시각에 아파트 1층에서 화재가 일어났다. 8층에 살고 있던 나는 그때 막 자리에 누웠다가 바깥의 소란스러움에 놀라 벌떡 일어났다. 매캐

한 냄새가 이미 열린 욕실 문을 통해 방안으로 기어들어오고 있었다. 순간적으로 옥상으로 올라가야 한다고 생각한 나는 허둥지둥 현관문을 열고 층계로 나섰다. 그러나 삽시간에 연기와 가스를 뽑아올리는 굴뚝이 된 고층 아파트의 층계에서 나는 두 개 층도 다 올라가지 못한 채 그만 쓰러져 버렸다. 그리고 낯선 병원의 응급실 침대에서 두 뺨을 사정없이 얻어맞으며 깨어난 것이다.

    기가 약했던 탓인지 어릴 적에는 잠을 자다가 가위에 눌리는 일이 상당히 많았다. 무서운 이야기라도 들은 날이면 가위에 눌릴 것이 겁이 나서 잠을 자고 싶지가 않았다. 가위에 눌릴 때는 대부분 내가 가위에 눌리고 있구나 하는 것을 안다. 그 때문에 빨리 깨어났으면 하는 생각은 더해진다. 마음이 조급해질수록 곁에 누군가라도 빨리 다가와 나를 흔들어 깨워주길 간절히 원한다. 그러나 내가 잠 속에서 바란다고 해서 그런 일이 때맞추어 그렇게 쉽게 되는 것은 아니다. 마음만 버둥거릴 뿐, 여간해서는 스스로 깨어날 수가 없었다.

    이렇게 어른이 된 지금도 나는 가위에 눌려 편한 잠을 이루지 못하던 어릴 적의 한밤중같이 느껴질 때가 많이 있다. 누군가가 나를 깨워주기를 바라는 안타까운 심정을 누구에게 무어라고 또 어떻게 표현할 수도 없다. 그렇게 답답한 일은 일상의 내 삶 속에서 수시로 만나고 또 만난다.

현상소에서 갓 찾아온 사진 속의 나 자신을 만났을 때, 훌륭한 글을 대했을 때나 한 분야에서 확실하게 자리를 한 이들을 볼 때, 또 특히 뭔가 이루어내야 할 나이에 이르렀음을 자각할 때 더욱 그렇다.

겉으로는 일상의 자잘한 일들이 그런 가위눌림에서 대부분 나를 벗어나게 하기는 하나, 지나고보면 그것은 모두 순간 망각제가 되었을 뿐이다. 그것들은 내 속 어딘가에 숨어 있다가 다시 또 나를 느닷없이 가위눌리게 한다.

내 침대 머리맡에는 구리빛깔의 탁상용 시계가 하나 놓여 있다. 특별히 일찍 일어나야 할 일이 있을 때 바늘을 맞추고 울림 버튼을 눌러놓아 어김없이 나를 깨우게 한다. 필요한 시간에 틀림없이 나를 깨워줄 것이라는 마음이 나를 항상 안심하고 편하게 잠들게 한다.

오늘 아침에도 알람 소리에 기겁을 해서 일어났다. 중학교 3학년 딸아이의 보충 수업이 시작되는 날이다. 튕기듯 자리에서 일어나 부엌으로 달려갔다.

생각해보면 자명종이 아니라도 잠을 깨우는 것은 많이 있다. 바로 지척에까지 와서 방안을 기웃거리는 햇빛이라든지 잠결에 듣는 빗소리, 집안까지 스며드는 공기의 젖은 느낌, 한기라든가 통증 그리고 또 무서운 꿈도 빼놓을 수 없다. 언젠가는 새벽에 국 냄비를 불에 얹었더니, "냄새가 나를 깨웠다"며 남편이 주방으로 들어섰다. 잠을 깨우는 것이 단지 '소리'뿐만은 아닌 것이다.

　그러나 이런 것들은 왠지 확실하게 나를 깨워주지 못한다. 더러는 잠에 취한 채로 듣고 또 더러는 순간적으로 깨어났다가 다시 또 잠에 든다. 깨어나야지 깨어나야지 하면서도, 일상의 잠에 취해 있는 나를, 오늘 아침 깜짝 놀라게 하여 깨워주던 알람시계처럼 그렇게 확실하게 나를 깨울 수 있는 다른 자명종이 하나 있었으면 좋겠다.

그녀의 질그릇

어떤 일을 하는 사람이든 자기 분수에 맞게 사는 모습을 볼 때는 참으로 아름답게 느껴진다. 그것은 잘 요리된 음식이 아주 잘 어울리는 그릇에 담겨 있는 것을 볼 때와 같다고나 할까. 그러나 그것은 예쁜 꽃이나 아름다운 그림을 보는 것하고는 또 다르다.

우리 아파트 앞 길모퉁이에서 노점을 하고 있는 아줌마가 있다. 그녀는 겨울이면 군밤이나 군고구마를, 여름이면 옥수수나 풋콩 같은 것을 조금씩 팔았으며, 그렇지 않은 계절에도 늘 무엇인가를 조그맣게 펼쳐놓은 채 팔고 있었다. 또한 그녀의 작은 체구에 어울리지도 않는 커다란 리어카를 옆에 세워놓고 헌 잡지나 신문지, 빈병 같은 고물을 사들이기도 하면서 항상 그 자리에 있었다. 나는 그 아줌마 앞에 놓이는 밤이나 고구마, 옥수수, 콩 같은 것을 보며 뒤늦게 철이 바뀐 것을 알아차리기도 하여 반가운 나머지 호들갑을 떨기도 하였다. 그리고 때때로 커다란 주머니가 달린 그녀의 카키색 앞치마를 보면서, 그 주머니가 그녀의 가족에게 얼마나 큰 비중을 지니는 것일까 궁금해 하기도 했다. 그러고는 멋대로 산출해낸 실팍한 수치를 어림잡으며 그녀의 얼굴을 다시 쳐다보고 믿음직한 감정을 가져보기도 하였다.

그럴 때마다 그녀의 반들거리는 새까만 얼굴이 아름답게 느껴졌고, 가만히 가라앉아 있는 것이 아닌 살아 움직이는 신선한 정을 느끼고는 했었다.

몇 년째 그런 정을 기울이며 나는 그녀의 단골이 되었다. 조그마한 고물이라도 있으면 모아두었다가 일부러 그녀를 오라고 해서, "그냥 가져가세요" 했다. 그러나 그녀는 항상 그냥 가는 법이 없었다. 군밤 몇 톨, 옥수수 한 자루라도 "애기 주세요" 하며 부끄러운 것이라도 내놓는 듯 디밀고 가곤 하였다.

그런데 두어 달 전 외출에서 돌아오는 길에 나는 누런 옥수수가 먹음직스러워 그녀 가까이로 다가섰다. 그런데 옥수수를 골라내는 그녀의 손을 무심코 보고 있던 나는 깜짝 놀랐다. 그녀의 손톱이 새빨갛게 칠해져 있었다. 순간 멈칫해진 나는 그녀의 얼굴을 쳐다보다가 벌어진 입을 다시 다물 수가 없었다. 그녀의 얼굴이 술기운에 벌겋게 올라 있었다. 반쯤 칠이 벗겨지기도 한 그녀의 손톱과 그녀의 벌건 얼굴을 번갈아보다가 옥수수를 받는 둥 마는 둥 발길을 돌리고 말았다.

지금껏 나는 그녀를 잘못 보아온 것일까. 아니면 그녀의 신상에 무슨 일이라도 생긴 것일까? 그러나 이유야 무엇이든 나는 심한 배신감을 느꼈고 용서할 수 없는 기분이었다.

철이 바뀔 때마다 "어머나 벌써 나왔어요?" 하며 남보다 먼저 새로운 계절을 맞이하는 기쁨으로 그녀의 물건을 샀고, 그녀가 늘 머리에 두르고 있는 해진 수건이나 커다란 앞치마를 보고는 자칫 헤퍼지거나 나태해지려는 나 자신을 추스르기도 하였다. 씁쓸함과 서글픔 같은 것을 동시에 느끼면서 나는 보지 않은 것으로 하기로 했다.

그 후 얼마 지나지 않아, 그 아줌마가 늘 자리하던 자리에는 모퉁이를 쓸며 돌아가는 비닐 조각만이 뒹굴었다. 그녀를 보며 때때로 나를 추스르던 마음도 자연히 잊혀져 갔다. 입술 한 번 칠하지 않고 머리에는 늘 수건을 눌러쓴 채 성실하게 그 자리에 있어줄 그녀를 기대하는 것도, 또한 매니큐어나 술 같은 것이 그녀에게서 멀리 떨어진 곳에 놓여 있기를 바란 것도 나의 욕심이었으리라. 살아가면서 숱하게 조우하게 되는 작은 일들에 열의를 갖지 못하는 나 자신을 탐탁치 않게 생각하다가 그녀를 만나 부지런히 엮어가는 그녀의 삶의 태도, 그 자세를 보는 것만으로도 기뻐하고 싶은 내 이기적인 욕심이었을 것이다. 그리하여 내가 멋대로 빚어놓은 네모난 그릇에 둥그런 그녀를 마구 구겨서 집어넣으려 했는지도 모른다.

그런데 오늘 낮 밖에서 돌아온 아이가, "엄마, 고물 장사 아줌마가 다시 나왔어" 하는 것이었다. 놀라서 쳐다보는 내게, "김이 무럭무럭 오르는 옥수수를 팔고 있던 걸요" 하며 백 점짜리 시험지를 엄마에게 내보이듯 아주 신이 나 했다. 아마도 아이는 그동안 아이 나름대로 궁금했던 모양이다. 저녁 무렵 찬거리를 옆에 들고 난 그녀 앞을 지나오며, "아줌마 오랜만이에요. 그동안 왜 안 나오셨어요?" 하고 짐짓 아무렇지도 않은 듯 물어보았다. 그러나 그녀는 앞에 놓인 옥수수에만 눈길을 주며, 단지 피익 웃을 뿐이었다. 그리고 "예, 예" 할 뿐, 더 이상 아무런 말도 하지 않았다.

나는 어쩐지 더 물어볼 수가 없었다. 아마도 그녀는 좀더 나은 것을 담아 내보이고 싶어서 40여 년 묵은 그녀의 질그릇을 한번 비워보았는지도 모르겠다. 아니면 아예 내던져 버리고 새로운 그릇으로 송두리째 바꾸어보고 싶었을까. 그러다 결국은 굳이 밝히고 싶지 않은 이유로 인하여, 이제는 돌아와 호박잎이나 고구마줄기 같은 것들을 다시 주섬주섬 그녀의 옛 그릇 속에 담고 있는지도 모르겠다.

누군가 내다버린 고물 속에서 주워다 펼쳐놓은 듯, 한쪽 귀퉁이가 찌그러진 비치파라솔 밑에 앉아 잽싸게 손을 놀리고 있는 그녀의 까만 콧잔등 위에는 땀방울이 소복했다.

사라진 화살표

 문상을 가기 위해 집을 나서며, 독립 주택인 그 댁을 쉽게 찾을 수 있을까 내심 걱정스런 마음이었다. 그러나 그 부근에 이르니, 큰 도로변에서부터 나타나기 시작한 검은색 화살표가 친절하게 안내를 맡고 있었다.
 평소 화살표를 따라가는 것에 익숙하게 길들여져 있던 나는 능숙한 숙련공처럼 담벼락과 전신주에 그려진 검은색 화살표를 따라 골목길을 돌고 또 돌았다. 이어서 나타나는 화살표를 길잡이로 해서 쉽게 집을 찾을 수 있는 것만을 다행으로 여기며 아무런 다른 생각을 할 틈도 없이 발길을 재촉하였다.
 이윽고 검은색 화살표는 '忌中'이라고 씌어진 붉은 등 아래 나를 데려다놓고 어둠 속으로 사라져버렸다. 혼자 그곳에 멈추어 선 채, 그제야 나는 갑자기 막막한 기분이었다. 화살표를 따라오는 것에만 열중하여 막상 집안으로 들어가서 내가 해야 할 말과 행동에 대하여 생각해 볼 여유가 없었기 때문이었다. 뭐라고 위로의 말을 해야 되는 것일까. 그저 그런, 늘 하던 대로 할까 아니면 깊숙이 머리 숙여 절로 대신할까.

이런 막막한 기분은 지방 도시를 여행할 때면 자주 만난다. 도로 표지판을 따라가다가, 이쯤이면 다 온 것 같은데 두리번거려도 결정적인 곳에서 화살표가 없는 것이다. 우회전하라고 해서 방향을 틀었건만 그 다음엔 감감 무소식이다. 다시 돌아가든지 아니면 적당한 곳에 멈추어 서서 찾기 일쑤다.

어중간한 나이 탓이라고나 해야 할까. 요즈음 들어 그런 막막한 기분에 휩싸이는 일이 무척 잦아졌다. 생각해보면 그것은 화살표를 따라다니는 것에 맹목적인 용기와 헛된 자신을 가졌던 어제의 내가 이끌어온 결과가 될지도 모른다. 그러나 여하튼 답답한 노릇임에 틀림없다.

때로는 골목을 돌아나오던 바람이 그것의 방향을 슬쩍 건드렸을지도, 심술궂은 아이가 일부러 돌려놓았을지도 모르며, 때로는 지나가던 이의 발끝에 채여 우연히 돌아갔을지도 모르는 그 화살표는, 그러나 언제나 난 그것을 정답이라고 믿었고, 내게는 거부할 수 없는 힘을 지니고 있었다.

최면에 걸린 듯 아무런 비판도 없이 늘 그저 따라가기만 해도 된다고 생각했다.

자라는 동안에는 그때그때 나이의 눈에 또렷하게 보이고 또 그 나이가 확실하게 요구하는 화살표가 늘 준비되어 있었다. 초등학교 후에는 중학교로, 또 고등학교로, 움직일 수 없는 화살표가 있었다. 어느 정도 나이가 든 후에도 우우 하고 단지 목소리를 합해 몰려가는 쪽에는 늘 화살표가 나 있다고 믿었다. 화살표를 따라가며 배를 타고 버스를 타고 기차를 탔다. 어디를 향해 떠나가는 것인지 자세히 알려고도 않고, 다만 같이 탔다는 것만으로 안도감을 느끼려 했다. 생각이라는 말은 머릿속에서 뽑아내어 가급적이면 자신에게서 가장 멀리 던져버리고 싶어한 것 같다. 유행이라는 번쩍이는 옷을 걸치고 안심하고 싶어하고, 시류라는 또 다른 최면사가 신경의 줄을 마비시켜놓는 대로 온 몸을 맡겼다. 가만히 있으면 '중간'은 한다는 말을 금쪽처럼 믿었다.

나이 사십을 넘나들 때까지 내게 늘 화살표는 있었다. 어디를 가도 화살표가 보였다. 그리고 나는 그것을 따라가기만 하면 된다고 생각했다. 어쩌다, 화살표의 방향이 어제와 조금 다르게 그려져 있으면, 그때는 어머니를 부르면 되었고 선생님을 찾았다. 그러면 모든 것이 끝이었다.

그러나 상가 앞에 이르러 이렇듯 자신이 막막해지듯, 마혼을 넘기고부터는 화살표가 전혀 그려져 있지 않은 일들에 자주 부딪히게 되었다. 행선지 표시만 보고 속도를 내며 달려가다가 '공사중'이라는 느닷없는 푯말에 부딪혀 난감해지기 일쑤이고, 막다른 곳에 이르러서야 어쩔 수 없이 멈추어 서버리게 되는 일이 흔한 일이 되어버렸다. 그러나 막다른 곳에서 당혹스런 얼굴로 뒤를 돌아보아도, 그때마다 길이 있는 곳을 가리켜주시던 어머님도 선생님도 이제는 더 이상 그곳에 계시지 않았다. 등을 떠다밀 힘 있는 손이 되는 것도, 돌아가라고 손짓을 하는 것도 자신 스스로가 해야 한다는 것을 알게 되었다고나 할까.

나는 지금 거기에 와 있는 모양이다. 스스로 방향을 결정하여 화살표를 그려가며 살아야 하는 그런 나이에 서 있게 된 것 같다.

쇼핑호스의 점괘

　호기심 많은 아이를 둔 덕에 '컴퓨터로 수상을 보아드립니다'라는 표지판을 목에 건 스핑크스 앞에 섰던 일이 있다. 클레오파트라를 닮은 듯한 얼굴에 사자의 몸 대신 네모난 컴퓨터용 모니터를 몸통으로 가진 브론즈 빛깔의 스핑크스였다. 섣불리 내게 말을 꺼냈다가는 '쓸데없는 짓'이라고 눈을 흘길 게 분명한 내 성미를 아는지라, 그럴 틈을 주지 않고 아이는 지하철역에서 나를 만나자마자 아무 말 없이 내 손을 끌고 가더니 지폐 한 장을 투입구에 재빠르게 들이미는 것이었다. "어어" 하는 사이에 이미 모니터에는 '왼손 바닥을 아래로 해서 넣어주세요'라는 문구가 나타났다. 어리둥절하면서도 모니터에 나타난 그 한마디에 나는 이유 없이 다급해져 말 잘 듣는 아이처럼 넙죽한 구멍에 손을 집어넣었다. 그 순간, 영화 「로마의 휴일」에 나오는 한 장면이 생각나서 웃음이 나기도 했고, 테베의 바위산에 살며 지나가는 사람에게 수수께끼를 내어 풀지 못하면 잡아먹어 버렸다는 무시무시한 스핑크스의 수수께끼 전설도 생각났다. 모니터 위에 곧 내 손이라고 하는 것이 나타났다. 처음 보는 것처럼 무척 낯이 설었다. '내 손이 저렇게 생겼나?' 하는, 계면쩍기도 하고 무안하기도 한 느낌이 들었다. 그렇게 어물어물 하고 있는 사이에 손을 빼라는 지시가 다시 나왔다. 그리고 얼마 후, 스핑크스는 내 운세라는 것을 인쇄한 16절 크기의 노란 종이 한 장을 뱉어내었다.

"와! 족집게다!"

아이와 함께 그 종이 위에 머리를 들이밀고 기계가 읽어낸 내 인생을, 이미 반쯤을 훨씬 넘게 지나가버린 내 삶의 운이라는 것을 읽어 내려갔다. 코에 걸면 코걸이요, 귀에 걸면 귀걸이가 될 수도 있는 애매모호한 말들로 엮은 내 인생이 거기에 있었다. 그것을 읽어 내려가자니, 마치 내 자신이 자신의 삶 테두리 밖으로 나와 안에 있는 또 하나의 나를 들여다보고 있는 느낌이어서 실은 상당히 묘한 기분이었다.

'얌전하고 내성적인 것 같아보이지만 근본은 인내심이 강하고 확실한 자기 의견을 가지고 있어 주변의 의견에 좌우되지 않습니다'라는 구절에서는 지나간 날들을 머릿속에 떠올리며 이 낱말들과 그럴싸하게 어울릴 만한 기억들을 재빠르게 짜서 맞추었다. '대기만성형으로 서두르지 않고 천천히 목표에 전진하여 성공을 손에 넣습니다. 적성에 맞는 일을 찾아 관리를 잘하면 운세도 지속적으로 병행 상승되어 말년까지 어렵지 않게 뻗어갑니다'라는 극히 당연하고 누구에게나 해당되는 대목에서는, 요즘 풀리지 않는 이런저런 일들로 해서 마음 상하던 일을 깨끗이 밀쳐둘 핑계를 찾아냈다. '외모에 비해 오장이 강하며 잔병은 없으나'로 시작되지만, 얼핏 보아 듣고 싶지도 인정하고 싶지도 않은 말들은 아예 '웃기는 말'로 취급하고 무시해버렸다. 좋은 쪽만 내 것으로 하고, 스핑크스가 낸 내 인생의 어려운 문제를 풀려고도 하지 않고 샛길로 슬쩍 빠져나와 도망쳐버렸다. 나는 종이를 구겨 가방 속에 넣으며 그제야 아이에게 눈을 흘겼다.

사실 나는 상당히 철이 늦게 든 편이었다. 남들은 중고등학교 때 맞은 사춘기를 대학생이 되어서야 허덕허덕하며 맞았다. 우이동 기슭에서 신촌까지 먼 길을 오가며, 그 지루한 시간을 버스 속에 앉아 그제야 사춘기 소녀가 흔히 던질 만한, 지금 생각해보아도 해답이라는 것이 있을 수가 없는 그런 우울한 물음표를 수없이 창 밖으로 던지곤 했었다. 지금도 여전하지만, 길음시장을 지나 혜화동 쪽으로 넘어오는 길 양쪽에는 'OO점' '◇◇점' 하며 점을 보는 집이 많이 있었다. 차창을 통해 조금만 유심히 보면 언제나 그곳을 들고나는 사람들이 보였다. 사춘기의 우울이 특히 더한 날에는 금방이라도 버스에서 뛰어 내려가서 문을 두드려보고 싶은 그런 충동이 일었다. 그러나 결국 나는 한 번도 그 문을 두드리지 못했다. 너무 쉽게 해답을 알려고 하는 게 아니냐, 쉬운 길로만 가려고 하는 게 아니냐며 자신을 나무랐다. 자신 속 어딘가에서 웅크리고 있으면서 때때로 고개를 들어 자신을 괴롭히는 자신의 나약한 부분을 미리 도려내고 싶었는지도 모른다. 젊음이 빚어낸 턱없이 건방진 자만이었다고나 할 그런 생각들을 끊임없이 할 때였다.

그러나 인생을 반쯤은 족히 넘게 산 지금도 나는 사람의 운명이라는 것이 자신이 어느 정도 만들어가는 것이 아닐까 하는 생각을 종종 한다. 물론 누구에게나 그가 지닌 한계, 태어날 때부터 등에 걸머지고 나오는 그런 운명 같은 것은 있을 것이다. 인간의 의지로는 피하려야 피할 수가 없는 그런 것을 어떤 이는 신의 의지라고 하고 또 어떤 이는 업이라고도 하며 또 어떤 이는 천명이라는 말로 부르는 것일 게다. 그러나 나는 그런 말을 입에 올리는 것을 싫어한다. 특히 좋지 않은 일이 일어났을 경우에는 더 그렇다. 너무 빨리 그런 말 뒤로 숨어버리거나 주저앉게 되어, 때 이른 포기나 체념을 하는 것을 늘 두려워했다. 나는 지금도 내가 이미 정해진 트랙을 돌고 있다는 생각을 하면 다리에 힘이 빠진다.

 아이와 함께 스핑크스의 점괘를 들여다보다가 다리에 힘이 빠져버릴 것만 같아 덜컥 겁이 난 나는 「바람과 함께 사라지다」라는 영화에서 스칼렛이 울부짖던 마지막 대사 속으로 슬며시 도망을 쳤다.

 "내일은 또 내일의 태양이 뜰 거야(After all, tomorrow is another day)."

소매를 뒤쪽

 신문을 뒤적이고 있는데 거실 텔레비전 앞에 앉아 있는 아이의 까르르 하는 웃음소리가 반복해서 들려왔다. 무슨 재미있는 일이라도 있는가싶어 나가보았더니 화면에서는 스피드 퀴즈가 한창 진행되고 있는 중이었다. 전에도 몇 번 본 적이 있는 이 프로그램은 출제자가 어떤 단어에 대한 설명을 여러 가지 다른 말로 하여 정확한 답을 자기 편 파트너가 알아맞힐 수 있도록 하는 것이었다. 스피드라는 이름이 붙은 만큼 2분 안에 열 문제를 맞히도록 되어 있으니, 설명하는 쪽이 마음이 급해지기 마련이고, 그렇게 급한 마음에 온갖 손짓과 몸짓을 하게 되어 그 모양을 보고 아이가 웃음을 참지 못하는 것이었다. 아마도 이렇게 하여 보는 이를 즐겁게 하겠다는 의도가 숨어 있는 프로그램인 성싶다. 전에도 그것을 볼 때마다 느끼는 일이지만, 세상에는 참으로 느낌이 빠르고 입이 빠른, 그러니까 매사에 아주 재빠른 사람들이 많이 있는 것 같다. 만일 내가 그곳에 앉는다면, 글쎄, 한두 문제나 겨우 설명해낼 수 있을는지.

가끔 혼자서 지나간 일들을 생각하다가 문득 창피하고 부끄러워지는 일이 생각나 나도 모르게 아아! 하고 한숨 섞인 소리를 지르게 된다. 특히 세면기에 물이 차도록 기다리는 시간이나, 잔뜩 쌓인 설거지를 끝내야 하는 무료하고 따분한 그런 시간에는 더욱 그런 기억이 고개를 들어 외마디 소리를 신음처럼 뱉어내곤 한다. 그 중에서도 생각날 때마다 지금도 여전히 나를 부끄럽게 만드는 것이 있다.

고등학교 2학년 때의 일이다. 전교생을 강당에 모아놓고 반별로 대표를 하나씩 뽑아 퀴즈 대항을 열었다. 뽑혀서 올라가긴 했지만 높은 단상에 마이크를 앞에 두고 앉으니 쉬운 일이 아니었다. 정답이 입에서만 뱅뱅 돌 뿐 말이 되어 나오지를 못했고, 특히 음악 문제에서는 멜로디만 귀에서 윙윙거릴 뿐 그 곡이 끝나도록 작곡자도 곡명도 생각나지 않고 멍한 상태가 되었다. 물론 형편없는 점수를 받고 떨어졌다. 나를 뽑아준 반 친구들에게 얼마나 면목이 없었던지 지금 생각해도 자꾸 울고만 싶다.

어릴 적부터 나는 어른들로부터 늘 "무던하다"는 말을 많이 들었다. 사윗감의 인사를 받으며 어머니가 하신 첫 말씀도, "쟨 젖먹이일 때부터 배가 고파도 칭얼대지도 않고, 신문지 한 장만 손에 쥐어주면 혼자 뒹굴뒹굴 조용히 놀던 아이라네, 참말로 무던했지"였다. 어머니는 첫 대면한 사윗감에게, 그것도 자랑이라고 하신 말씀이겠지만, 그러나 웬일인지 나는 그것이 하나도 자랑스럽지 않았다. 나는 그 말을 미련하고 바보 같다는 의미로 받아들였고, 점점 자라 철이 들고서는 둔하다는 의미가 아닌가 생각했다. 그 자리에서 즉각적인 반응을 하는 것에 나는 늘 모자랐고 재치있는 말로 좌중을 즐겁게 하는 일 따위는 나하고는 거리가 멀었다. 때문에 무슨 일에 단정적이고 빠른 결정을 내린다든지, 그것이 아니고 이것이다 하고 상대편을 조리 있게 설득하는 일에 난 늘 서툴렀다. 자라는 동안 내내 나는 그런 자신을 가장 불만스러워했다. 그 때문인지 학교 성적은 늘 괜찮았어도 모든 일에 자신이 없어하는 그런 부류의 아이였다. 그것이 퀴즈대항전으로 더욱 굳어졌던 것 같다.

 그런 성격은 서울로 올라와 대학 생활을 시작하면서 새롭게 부딪히는 여러 가지 '서울 생활' 속에서 무척이나 날 괴롭혔다. 며칠을 걸려 책 한 권을 읽어도, 두어 시간 걸려 영화를 한 편 보아도, 나는 남 앞에서 그 책은 이렇더라, 그건 이런 영화다 하는 말을 하지 못한다. 그러나 내가 만난 새 친구들은 대부분 그런 나와는 반대였다. 나는 점차 그런 나 자신을 혼란스러워하기 시작했다. 나는 과연 살아가는

데 필요한 옳은 열쇠를 갖고 있는가 하는 것에 회의를 갖게 되었다. 그리고 그것이 오랫동안 나를 지배했다. "무던하다"는 말이 "둔하다"와 딱 맞는다고 생각하며 살았다.

그런데 이마에 주름이 생기고 흰 머리가 여기저기서 삐죽이 나타날 무렵, 살아오는 동안 내게로 다가와 부딪히며 지나간 크고 작은 많은 일들이 모두 어릴 적에 생각하던 그대로, 퀴즈처럼 즉각적인 해답을 요구하는 것이 그렇게 많지 않고, 또 많은 일들이 이것이 아니면 안 되는 딱 하나뿐인 해답이 있는 것도 아니라는 것을 비로소 눈치 채게 되었다. 돌아보면 때로는 아무리 해도 답을 얻을 수 없는 일도 있었을 뿐 아니라 경우에 따라서는 일부러 해답을 구하지 않고 눈을 감아버리고 마는 일도 있었다. 짧고 굵직하게 뛰어가는 발걸음만 욕심내던 마음이 이제는 때때로 느릿느릿 걷기도 싶고, 고여 있는 물일지라도 때로는 가까이 다가가 들여다보고 싶기도 했다.

저마다의 삶의 길 위에서 찰칵 하고 명쾌한 소리를 내며 딱 맞아떨어지는 열쇠를 누구나 갖고 있는 것일까 하는 의심 비슷한 생각을 해본다. 살아간다는 것은 어차피 정답이 하나뿐인 퀴즈 문제는 아닌 것 같다.

동 행

 아프리카의 초원 지대를 열차가 달린다. 키 작은 풀들이 누워 있는 벌판은 얼핏 보면 마치 사막 같다. 화면에서 카메라가 서서히 멀어지면, 드넓은 아프리카 벌판을 달리는 열차의 속도도 차츰 느릿해진다. 다다르는 곳에는 무엇인가 꿈같기도 하고 운명 같기도 한, 거부할 수 없는 것이 기다리고 있을 것만 같은 느낌이 든다.
 몇 년 전에 본 영화, 「아웃 오브 아프리카」의 한 장면이다. 이 장면 하나에 나는 그만 홀딱 빠져서, 지금껏 가장 잊을 수 없는 영화의 하나로 서슴없이 꼽는다. 그리고 언젠가는 그 열차를 한 번 꼭 타보고 싶은 절실한 기대를 안고 산다.
 살아간다는 것은 긴 여행을 하는 것이 아닐까 하는 생각을 가끔 한다. 여행이라는 단어 하나만으로도 곧잘 가슴을 설레곤 하는, 그런 내 자신이 만들어낸 생각일는지도 모른다. 그러나 마침 마음에 맞는 동행(同行)이라도 만나게 된다면, 그 여행은 더할 나위 없이 환상 같은 여행이 될 것이다.

생각해보면, 우리는 이미 이 세상에 태어나는 그 순간부터 내일로 가는 기차에 함께 오른 승객이다. 어제발 내일행 열차라고나 할까. 아기가 세상에 나오며 처음으로 우는 소리는 발차를 알리는 기적 소리라고 해도 좋을 것이고, 탯줄을 자르는 소리는 역무원이 승차권에 펀치로 구멍을 내는 소리라고 해도 좋을 것이다. 태어나는 순간에 이미 올라타 버린 기차, 눈을 뜨고 의식할 겨를도 없이 기차는 이미 달리고 있다. 먼저 타 앉아 있는 승객들 사이에서 내 자리를 겨우 찾아 앉을 때쯤이면 이미 상당한 거리를 달려온 뒤다.

그것을 이름하여 운명이라고 할는지, 기차 안을 둘러보면 종착역까지 동행하게 될 얼굴이 여럿 보인다. 아버지, 어머니의 얼굴, 형제의 얼굴이 있다. 조금 더 달리다보면 친구라는 이름의 승객이 같은 열차 안으로 들어선다. 그리고 또 조금을 더 달리다 보면 배우자라는 이름표를 단 승객이 내 옆의 자리에 앉는다. 그리고 긴 여행에 조금은 심심해지고 지루해질 때쯤이 되면 어김없이 "심심풀이 땅콩이나 오징어 있어요!" 하고 외치는 소리가 들려온다.

우리네 삶의 여정에서 '심심풀이 땅콩이나 오징어'는 손으로 이루 다 꼽을 수도 없이 많다. 목숨을 걸고 온 정력을 바쳐 전문으로 하는 사람이 아닌 대부분의 사람들에게는 음악도, 그림도, 보석처럼 빛나는 한 줄의 시구도, 또 여러 가지 스포츠도 심심풀이 오징어나 땅콩이다. 그뿐이랴, 술도 있고 고스톱 판도 있다. 기차 안도 마찬가지다. 열차에 오르자마자 잠이 드는 사람, 창 밖만 내내 바라보고 있는 사람, 책을 펴든 사람, 귀에 이어폰을 꽂은 사람, 쉴 사이 없이 옆 사람과 이야기를 나누는 사람…. 그 가운데 자기가 어느 쪽을 선택하여 동행으로 삼느냐 하는 것이 바로, 행선지도 같고 같은 시간대의 열차를 탔으면서도 각기 인생의 크기나 모양이 달라지는 원인이 되는 것, 바로 그런 것이리라. 그러나 크기나 모양이 어떠하든 우리는 모두 내일을 향하여 어제를 출발한 열차에 동승한 서로서로의 동행자인 셈이다.

유난히 몸이 무겁게 느껴지거나 개운치 못한 날이면, 억지로라도 시간을 내어 운동을 하러 간다. 시원찮은 몸의 상태는 쉽게 나를 우울한 상념 속으로 빠뜨리기 때문이다. 내가 주로 하는 운동이란 조깅 트랙이나 기계 위에서 30여 분을 달리는 것이다.

그 날도 느지막하게 그곳에 도착하여, 기계 위에 올라서서 호흡을 가다듬고 잠시 걷다가 뛰기 시작하였다. 항상 처음 1킬로미터 남짓 뛰었을 때 약간의 고비가 있다. 그때만 지나면 몸이 가뿐해져 3킬로미터 정도는 쉽게 뛸 수가 있다. 그러나 웬일인지 그 날은 그렇질 못했다. 달리기를 시작하자마자 아무래도 오늘은 안 될 것만 같은 예감이 들었다. 어딘가 몸에 단단히 이상이 생긴 것만 같았다. 까만 바탕에 영롱한 초록색으로 빛을 발하고 있는 계기판의 숫자가 1킬로미터에도 훨씬 미치지 못하고 있었다. 그만 둘까 하고 머뭇거리고 있을 때 옆의 기계 위에 남자가 하나 올라섰다. 그리고 그도 잠시 준비를 하더니 달리기 시작하였다. 그가 뛰자 그 리듬감은 곧바로 내게로 전해왔다. 그러자 조금 전까지 헉헉대며 오늘은 도저히 안 될 것만 같아 기계에서 막 내려오려고 했던 마음은 감쪽같이 사라지고, 몸이 가벼워져서 계속 뛸 수가 있었다. 그렇게 해서 매번 하던 운동량을 쉽게 넘어섰다.

 물을 덮어쓴 듯이 흐르는 땀을 닦으며 기계 위에서 내려서다가 나는 나도 모르게 옆 기계를 향해 꾸벅 인사를 했다. 그가 의식했을 리는 없을 터이지만, 고마움의 표시였다. 같은 목적을 가지고 같은 길을 가는 사람이 곁에 있다는 것은 행복한 일이다. 그것은 큰 위안이며 힘이다.

 그리고 보면 짧은 시간이냐 긴 시간이냐 하는 것에 차이가 있을 뿐, 살아간다는 것은 끊임없이 동행을 구하고 또 만나는 일인지도 모르겠다. 누구라도 때로는 나의 힘이 될 수가 있고, 나 또한 어느 순간에는 어느 이름 모를 사람의 힘이 될 수도 있지 않겠는가. 조금쯤 사는 일이 재미없다고 느껴지는 날, 내가 누군가의 괜찮은 동행이 될 수도 있다는 것을 생각하자. 생각만으로도 신명나는 일, 살맛나는 일이 될 것이다.

어디에서나 누구인가의 괜찮은 동행자가 되기를 꿈꾸어 본다.

아이의 친구

지난 주말 한라산 등반을 하고 돌아왔다. 좀 무리한 일정이어서 집에 도착하니 벌써 밤 열 시가 가까웠다. 집에 돌아와 잠자리에 들 채비를 하는 것 같던 아이가 갑자기 숨넘어가는 소리를 했다.

"엄마, 이거 내 배낭 아니에요."

달려가보니 모양과 색깔, 크기까지 비슷하긴 한데 분명 아이의 것이 아니었다. 공항에서 짐을 찾는 과정에서 바뀐 것이다. 모녀간의 수선스러움에 거실 한쪽에서 피곤한 몸을 늘어뜨리고 있던 남편이 벌떡 일어나 다가와, 차근차근하지 못하고 덤벙거린다고 아이를 나무라는 음성에 노기가 빳빳이 서려 있었다. 그리고 마침내, "그 배낭 속에 내 친구가 들어 있어요" 하고 아이가 기어들어가는 목소리로 이야기하자, 활활 타고 있는 불에 기름을 끼얹은 모양이 되었다. 그러면서도 몹시 당황해하는 모습이 역력했다.

아이의 친구란 커다란 타월이다. 아이가 아기일 때, 목욕을 시킨 후 싸서 뉘어놓던 것이다. 타월에 싸인 아기는 한쪽 자락을 움켜쥐고 흔들고 잡아당기고 끌어다 입에 넣기도 하면서 놀았다. 그 후로, 타월은 아이가 잠들 때 없어서는 안 되는 것이 되었다. 손가락을 빨고 타월을 만지작거리며 잠이 들었다. 잠이 오거나 기분이 언짢을 때는 더욱 그 타월을 찾았다. 그런 아이를 보고 그 당시 아이를 돌봐주던 언니가 "그게 그렇게 좋으니? 그게 네 친구니?" 하고 놀리곤 했는데, 그 후 지금까지 우리는 그 타월을 친구라는 이름으로 자연스럽게 부르고 있었다.

그런데 아이가 커가면서 타월이 낡아서 더 이상 쓸 수가 없게 되었을 때가 큰일이었다. 타월을 빨아서 그곳에 배어 있던 냄새가 없어지고, 손에 쥐던 익숙한 감촉이 아님을 아이가 알게 될 때도 마찬가지였다. 잠을 자면서도 타월을 이리저리 돌려서 제가 좋아하는 곳을 냄새와 촉감으로 분별하여 움켜쥐어야 다시 고른 숨소리를 내쉬던 아이였으므로, 그 아이가 바뀐 타월에 새로운 정을 붙일 수 있을 때까지는 모두 보통 애를 먹은 것이 아니었다.

아이가 자라면서 타월도 몇 번 바뀌었다. 처음에는 방바닥에 질질 끌고 다니던 아이의 친구는 커가는 아이의 덩치에 반비례하여 점점 작아보였다. 그리하여 이제는 들고 다녀도 어느 한 자락 방바닥에 닿지도 않는 크기가 되어버렸지만 아이는 아직도 밤이 되면 그 친구를 들고서야 잠자리에 든다. 엄마 대신 밤마다 가스렌지의 스위치를 점검하고 현관문을 확인할 만큼 의젓해졌어도 그 버릇은 여전했다. 하룻밤을 지내고 오는 산행이었지만 이번에도 아이는 제 배낭 속에 제일 먼저 그 타월을 챙겨넣었었다.

불같이 화를 내던 남편이 수화기를 들고 사뭇 고함치는 목소리로 수습에 나섰다. 다행스럽게도 아이가 잘못 들고 온 배낭에는 이름이 적힌 꼬리표가 달려 있었다. 그래서 일은 쉽게 풀릴 줄 알았다. 그러나 공항에 전화를 해서 그 이름을 승객 명단에서 확인하니 그런 이름의 승객은 탄 적이 없다는 대답이었다. 다시 몇 통의 전화 실랑이 끝에 알아낸 것은 어떤 단체의 예약이 그 이름으로 되었다는 것뿐이었다. 할 수 없이 배낭을 열어 속을 뒤진 남편이 '제기동 친목회'라 찍힌 글자 타월 한 장을 꺼냈다. 그러나 그 아래 적힌 전화번호의 주인도 배낭의 주인은 아니었다. 그렇게 몇 고개를 더 넘어, 아이의 배낭이 있는 곳을 확인한 것은 밤 열두 시가 다 되었을 때였다. 아이의 배낭이 거기에 있는 것을 확인한 후에야, 지금은 너무 늦었으니까 내일 아침 일찍 가서 찾아준다고 하며 남편은 비로소 털썩 주저앉았다.

이불을 뒤집어쓰고 줄곧 울고 있는 아이는 친구의 소재를

안 것만으로도 안심이 되었는지 어느새 잠이 들어 있었다. 한라산의 가파른 숲길을 엄마를 앞지르며 성큼성큼 걷던 아이의 얼굴이 아니었다. "아휴!, 엄마는" 하면서 바람에 헝클어진 엄마의 머리카락을 쓸어 넘겨주던 의젓한 얼굴도 아니었다. 단지 아직도 어린 조그만 얼굴이었다.

 아이가 그 친구를 더 이상 찾지 않는 날이 불원간 올 것이라는 것을 나는 안다. 그리고 그런 결과가 당연한 일이라고 생각되면서 나는 왜 미리부터 마음 한구석이 비어옴을 느끼는 것일까.

6
어머니 얼굴

택 맥

 달력 속에서는 벌써 오래 전에 계절이 바뀌었건만, 요즈음 어쩐 일인지 이것도 저것도 아닌 어수선한 날씨가 창틀 위에서 서성거리고 있다. 그렇게 종잡을 수 없는 날씨처럼 벌써 여러 날째, 내가 서 있는 모든 자리가 분명하지 않은 것 같아 마음이 편하지 않다. 아내의 자리, 엄마의 자리, 자식으로서의 자리는 물론이려니와 한 사람으로서의 이 세상 속의 자리도 이렇다 하게 제자리를 잡았다는 확신이 서지 않는다. 이런 날에는 잠을 청하러 기어들어간 이불 속 내 자리마저도 등이 배기고 옆구리가 배겨, 이렇게 누워도 저렇게 누워보아도 편하지가 않다. 이럴 때 나를 편하게 만드는 기막힌 처방전은 없는 것일까.
 그것이 몇 년 전부터였는지 확실하게 기억할 순 없지만

새해가 되면 메모할 여백이 제일 넉넉한 달력을 고르게 되었다. 멋진 경치나 훌륭한 그림, 그런 건 없어도 그만이다. 금방 들은 이야기나 조금 전까지 골똘히 생각했던 것도 돌아서기가 바쁘게 이내 하얗게 바래버리기 일쑤이고, 전화로 철석같이 했던 약속도 수화기를 놓으면 금방 잊어버리는 일이 겹쳐 일어나다보니, 점점 자신의 기억력이 믿을 만한 것이 못 되는 것으로 체념했기 때문이다. 기억해야 할 일들이 얼핏 생각이 나거나 무슨 약속이 생기면 바로 달력에다 메모를 한다. 그렇게 하다보니, 한 달 한 달 지나간 달력을 뜯어낼 때마다 그 한 달 동안에 내가 기억해야만 했던 일들이 많았던 것에 새삼 놀라기도 하였다.

그런데 달이 지나갈수록 그렇게 내 방에서 뜯겨나가는 달력 속에는 내가 기억해야 하고 또 기억하고 싶은 일들이 점점 늘어나 여백이 줄어들고 있었다. 또 지나온 달은 물론이려니와 새로운 장을 넘겨보아도, 어느 사이엔가 군데군데 까만 글자들로 표시된 내 약속들이 시간과 함께 다가올 내 시선을 기다리고 있는 것을 보게 되었다. 낯선 사람을 만난다거나 이제껏 모르고 살아온 다른 세상과 새롭게 인연을 맺는 것을 별로 달가워하지 않는 성미이고, 또 그런 일에는 지레 겁을 먹게 되는 천성이라 세월 따라 내 생활의 폭이 더 넓어진 탓이라고 볼 수는 없다. 써 있는 것을 가만히 들여다보면, 기왕에 친분을 맺고 살아가는 사람들과의 이런저런 약속과 가까운 친척들의 행사라든지 아이의 레슨비나 우유 값 주는 날, 관리비 마감일 같은 자질구레한 일상의 일들이 대부분을 차지하고 있다. 단순히 일깨워주는 것만으로 끝나는 그런 일들이다.

그런데 더러 분별이 있어야 할 나이에 이른 자신이 그런 지각이 들었을 때 잊어버릴세라 소중히 적어놓은 자신과의 약속도 상당히 있다. 힘이 없어지신 부모님을 모시고 고향 산엘 다녀오는 날, 병중이신 당숙을 찾아뵙는 날, 멀리 사는 남동생에게 편지 쓰는 날, 많은 날짜에 동그라미가 그려져 있다. 그리고 더 가까이 보면, 어느 날인가 문득 예닐곱 살의 어린 내가 들어 있는 풍경이 생각나 해놓았던 약속도 있다. 그 시절의 하늘 아래 있던 앞마당의 커다란 은행나무, 쇠죽을 끓이는 검은 가마솥 아래서 지글지글 타고 있던 장작개비의 송진 냄새, 언젠가 문턱에 툭 튀어나온 못에 걸려 내 발등에 큰 흉터를 여태껏 남겨놓은 헛간, 그 속의 침침하고 눅눅하던 공기, 그런 것에 대한 그리움이 만들어놓았던 약속들이었다.

그러나 지나고보면 이런 자신과의 약속이란 써놓기만 근사하게 써놓았을 뿐, 지나고나면 까만 글씨로만 남아 있는 것을 볼 때가 절반도 넘는다. 써넣을 때의 절실함이나 애틋한 정은 어디론가 다 사라진 뒤다. 생활이라는 폭군에 의해 여지없이 밀려나고 게으름 아래서 빛을 한 번 쐬지도 못한 채, 그대로 무대 뒤로 사라져버린 것들이다.

　어린 날의 일들을 생각하면 이상하게도 늘 마음에 미소가 일고 여유로워졌다. 그리하여 그 너그러움이 평소 잘 찾지 않던 먼 친지들의 행사라든지, 시답잖게 생각하던 많은 것에 따뜻한 시선을 주게도 되고, 그렇게 해서 많은 것들을 내가 반드시 해야 할, '나의 일'로 바짝 끌어당겨 약속의 줄에 꿰어놓는 것이다. 그런 날이면 또한 나지막한 음성이 유난히 마음에 와닿게 되고 말없음표나 말줄임표가 이 세상 어느 언어보다도 귀중하게 생각되기도 한다. 모든 것의 앞쪽보다는 뒤쪽에도 시선을 주어야 한다고 마음속에 어쭙잖은 맹세를 하는 일도 생기고, 뛰어가듯 걷는 헐떡이는 걸음보다 느릿느릿 걷는 모습에 더 박수를 보내고 싶은 마음이 생기기도 했다. 내 앞에서 거치적거리기만 할 뿐 소용이 없다고 단정을 지어버렸던 조그만 인연들이나, 내가 가는 길에는 그런 것 필요 없다고 밀쳐냈던 작은 풀꽃들이 확대경을 들이댄 듯 그렇게 갑자기 커다랗고 예뻐보이기도 하는 것이었다.

　그리고 그런 것들이 유독 그리움으로 다가올 때, 나는 겨울 한낮 양지 바른 곳에서 짓이 난 강아지가 지푸라기를 머리에 뒤집어쓴 채 쌓아놓은 짚더미 안팎을 이쪽저쪽 파헤치며 뛰어다니듯, 나 또한 그렇게 짓이 나서 그리움을 후벼 파 달력 속에 동그라미로 그려넣는 것이었다.

그러나 그렇게 써놓기만 하고 지키지 못할 것이 뻔해도, 달이 바뀌면 나는 다시 날짜에 동그라미를 그려넣으며, 새로운 여백에 또 까맣게 적어넣을 것이다. 특히 미루나무 가지 속에서 울고 있던 늦여름의 매미처럼, 그렇게 목청을 높여 시비하듯 싸우며 살고 있는 자신이 문득 너무도 쓸쓸하여 견딜 수 없게 되는 그런 날, 달력 위에 동그라미를 하나 더 그려넣으며 울고 싶은 마음을 조금은 달랠 수도 있을 것이다.

보석 상자

1970년 초, 내가 결혼할 당시만 해도 일반인들의 혼수품으로 빠뜨리지 않고 챙기던 것에 '보석함'이라는 것이 있었다. 요즈음 신문지상이나 소문 속에 요란하게 떠도는, 그 혼수라는 것에 비하면 번지수가 다르고 소꿉장난 속의 이야기 같은 것이었다.

그것은 이름이 좋아 보석함이지, 대부분의 사람들에게 그 이름과는 사뭇 다른 것이었다. 그저 평소에는 여간해서 살 수도 또 살 필요도 없는, 용도가 애매한 그런 '자물쇠가 형식적으로 달린 하나의 상자'였다고 생각하는 편이 옳을 것이다. 그나마 집안 사정이 좀 여유로우면 화각으로 장식된 것을 장만하기도 하였지만, 그렇지 못한 대부분의 사람들은 검은 빛이나 자줏빛 혹은 빨간색으로 옻칠한 것 위에 공작새 모양을 자개로 박은 것을 마련했다. 자개가 얼마나 촘촘하고 현란한 색깔로 박혀 있는가에 따라 약간씩 값에 차이가 났는데, 그 차이가 별 것 아니라 해도 혼인날을 받아 놓고 일시에 많은 것을 준비해야 하는 때이고보면 별 것 아닌 그 차이도 따지지 않을 수 없는 것이었다. 실제로 그것이 '보석 상자'로서는 제 역할을 하지 못할 것임이 분명한, 고만고만한 대부분의 사람들도 그저 구색 맞추기로 준비한 것이다.

물론 나도 그 부류 중의 하나였다. 빨강 바탕에 자개가 성의라고는 전혀 없이 박힌 것을, 나 또한 별 성의를 기울이지 않고 대충 골랐다. 남들이 시장엘 가니까 나도 씨오쟁이라도 차고 따라간 격으로, 값으로 보아서 얼마 되지도 않는 것을 굳이 품목에서 빼는 것은 어린 소견에 무언가 억울한 느낌이 들기도 했다. 또 남들이 다하는 것을 무시할 배짱도 내게는 없었다.

당연히 그 속에 넣어둘 만한 보석은 애초부터 없는 시작이었다. 자연히 오랫동안 그것은 제 이름에 어울리지 않게 머리핀이나 옷핀, 고무줄, 머리 묶는 끈, 또 어딘가에서 떨어진 단추, 그런 것들이 제자리를 찾아가기 전에 잠시 머무는 공간이 되어 화장대 위와 방구석을 왔다 갔다 했다. 그러다가 그나마도 소용이 뜸해져 상자 위에 먼지가 쌓이게 되자, 성북동 언덕 위 남의 집 2층에 세를 내어 시작한 내

신혼집의 어두컴컴한 벽장 속으로 미련 없이 쫓겨 들어갔다. 그렇게 구박덩이 신세를 면치 못하면서도, 그래도 그것은 꾸역꾸역 내 이삿짐을 두어 번 따라다니더니 어느 시점인지 확실히 기억도 나지 않는 어느 날부터 내 주변에서 사라졌다. 그리고 상당히 오랫동안 나는 보석이라는 글자도, 보석함이라는 것의 존재 여부도 잊은 채 살았다.

그러던 어느 날이었다. 아이가 태어나고, 아침이면 그 아이가 통통통 발을 구르며 빠이빠이 손짓과 함께 유아원으로 가던 무렵이었다. 나는 아이에게 뭐 근사한 선물을 할 것이 없을까 하고 기웃기웃하던 장난감 가게에서 다시 '보석함'과 만났다. 뚜껑을 열면 음악이 흘러나오며 발레 슈즈를 날아갈듯이 신고 춤을 추는 소녀가 들어 있는 것이었다. 바닥에는 빨간색 우단이 곱게 깔려 있었고 춤을 추는 소녀의 얼굴은 천사처럼 보였다. 음악 소리는 마치 깊은 산 속, 계곡에서 떨어지는 물소리처럼 들려왔고, 가만히 눈을 감고 귀를 기울여 들어보면 거기 어딘가에서 아이가 꿈을 꾸는 소리도 들려오는 듯했고 꿈속에 젖어 있는 아이의 얼굴이 보이기도 했다.

한동안 그것은 아이의 주변에서 떠나지 않았다. 그러다가 아이를 보아주던 사람이 실수하여 망가져버렸다. 아깝고 서운하긴 했지만 이미 아이도 훌쩍 커버려, 보석같이 반짝이는 미래의 꿈이 춤추는 발레리나가 들어 있는 상자 속을 진작 떠난 후이기도 해서 다시 사지는 않았다. 그리고 나는 다시 보석 상자와는 거리가 먼 긴 세월 속으로 들어갔다.

그런데 며칠 전, 나는 문득 아주 근사한 보석 상자가 하나 있었으면 하는 생각을 하게 되었다. 이제 머지않아 나는 공자가 천명(天命)을 알 나이라고 칭한 바로 그 나이에 이른 시점이다. 나에게 보석 같은 건 없다고 생각하고 살았다. 그런데 어쩌다 생각이 나서 돌아보니, 그동안 나에게는 거기에 넣어두어야 할 보석들, 결코 잊어버리고 싶지도 않거니와 절대로 잃고 싶지도 않은 것들이 많이 모여 있었던 것이다. 마음속에 새겨진 멋있는 풍경들, 빗속에 서 있던 나무의 모습, 철 따라 바람 따라 다른 모양새를 보여주던 구름의 모습들, 우리집 앞 꽃가게에서 아침마다 볼이 터져라 웃고 있던 꽃들, 몇 년 전에 보았던 그랜드 캐년의 그 숨 막히던 위용, 바람결에 일렁이는 나무 잎사귀, 시구 하나, 기쁠 때나 슬플 때나 함께 살아온 세월의 흔적들, 내게 웃음을 보여주던 다정한 얼굴들, 그런 것들이 하나하나 다시 생각날 때마다 착해지고 싶었던 마음. 잊을세라, 난 그런 것들을 차곡차곡 소중하게 넣어두어야 할 것 같은 생각이 든 것이다.

그러다 어느 한 날 문득 자신이 행한 행동과 말에 스스로 절망을 느낄 때, 그런 자신이 한없이 초라하게 느껴질 때, 그리고 괜스레 이 세상 누구 할 것 없이 모두가 미워지는 그런 날, 나는 그것을 내 무릎 가까이 끌어당겨 가만히 열어 놓고 만지작만지작 귀한 보석을 매만지듯 그렇게 만져보고 싶다.

혹시 누가 알랴. 어느 날인가 내가 중심을 잃고 비틀거릴 때, 상자 속에 들어 있던 것들 가운데 어느 하나가 새로운 내 중심이 되어 나를 꼿꼿하게 버티게 하는 버팀목이 될는지. 그리고 그것이 속을 일렁대게 하는 삶의 멀미를 가시게 할는지 말이다.

환불해드립니다

　기차가 서울역에 도착한 것은 밤 열두 시가 다된 시각이었다. 예정 시간보다 무려 두 시간이나 연착한 것이다. 1박2일의 산행에서 돌아오는 길이었다. 사자평 고원의 넓은 언덕에서 하얗게 나부끼던 억새들과 눈을 맞추며 가을 선들바람과 어깨동무를 했었다. 내 키와 얼추 비슷하던 잡목 사이를 비집고 간신히 나 있는 좁은 길을 따라 "와! 와! 여기가 어디야?" 하며 흥분된 목소리를 감추지 못하며 제약산 정상에 올랐다가 능선을 따라 봉우리 두 개를 더 넘었다. 몸은 상당히 지쳐 있었지만 마음은 그 반대였다.
　그러나 히말라야의 한 봉우리라도 정복하고 온 듯, 의기양양한 기분으로 산에서 내려와 밀양역에 도착해보니 상행선 열차를 제시간에 타지 못한 사람들로 역사 안은 아우성

속이었다. 경부선 삼랑진역 부근 상행선 터널 안에서 사고가 있었다고 했다. 이런 경우 미리 사둔 열차표가 무슨 소용이랴. 결국 우리도 두 시간쯤을 늦게 출발하게 되었다.

서울에 가까워 오자 목적지에 다다르면 으레 나오는 안내방송이 열차 안으로 흘러들어 왔다. "오늘도 저희 철도를 이용해주셔서 감사합니다"로 시작되는 그저 그런 인사말이었다. 그런데 끝이 달랐다. "급행료를 환불해드리오니 받아가시기 바랍니다"가 꼬리에 달려 있었던 것이다. 순간적으로 우리 일행은 서로 얼굴을 마주보았다. 모두 미심쩍어하는 얼굴이었다. 나는 서둘러 기차표의 뒷면을 찬찬히 훑어보았다. 천재지변이 아닌 경우에 한하여 예정 시간보다 한 시간 이상 늦어지면 급행료를 환불해준다는 조항이 분명히 거기에 적혀 있었다.

우리는 당당하게 누런색 봉투 하나씩을 받아들고 캄캄한 서울역 광장으로 씩씩하게 걸어나왔다. 이미 지하철도 끊긴 시간이었다. 집으로 돌아갈 수 있는 유일한 방법인 택시 정류장의 긴 열의 꼬리에 서서 내가 탈 차례가 되길 기다리는 동안 나는 그 누런 봉투를 계속 어색하게 손에 들고 있었다. 왠지 그 봉투 속에 들어 있는 돈을 지갑 속이나 주머니 속에 털어넣을 수가 없었다. 어려운 자리에서 식사를 하다가 너무 뜨거운 것을 엉겁결에 한 입 가득 넣었을 때 삼키지도 못하고 그렇다고 뱉을 수도 없어서 땀을 흘리던 바로 그때처럼, 그렇게 어정쩡한 모습으로 나는 서 있었다. 환불을 받았다는 것은 참으로 생소하고 어색한 묘한 기분이었다. 남의 옷을 잠시 빌려 입고 더럽힐까봐 앉지도 서지도 못하는 기분이 이런 것일까.

신문에 끼어온 광고 전단에, '제품에 이상이 있을 경우에는 환불해드립니다'라고 크게 쓴 문구를 가끔 본다. 또 더러는 길목에서 물건들을 땅바닥에 펼쳐놓고 쉬어 텁텁해진 목소리로 외치고 있는 사람들을 만날 때도 있는데 공통적으로 그들이 마지막에 외치는 소리는 하나다. "마음에 안 드시면 언제라고 가져오십시오, 즉시 환불해드립니다."

그러나 이상한 것은 물건을 들여다보며 '그거 참 괜찮겠는 걸' 하고 속마음이 주머니 속을 쿡쿡 찔러 동의를 구하다가도, "마음에 들지 않으면 언제라도 돈을 도로 내드리겠습니다"라는 대목에서는 결정적으로 나는 발길을 돌리게 된다. 파는 입장에서는 그만큼 자신이 있다는 이야기이고, 그것을 강조하는 방법적인 말투란 것을 알면서도 왠지 내게는 늘 그 말이 불신감을 불러일으킨다. 어떻게 해서 그런 부정적인 반응들이 내 안에 자리하게 되었는지 잘은 모르겠다. 그러나 일단 내가 선택한 것을 무효로 하고 돈으로 되돌려 받는다는 것에 나는 심한 거부감을 갖고 있는 모양이었다.

그러나 나에게는 간절하도록 되돌려 받고 싶은 것이 딱

하나 있다. 대학 생활 4년 동안의 시간들이다. 다분히 몽상가적인 생각이어서 공상이라고 표현하는 쪽이 나을지도 모른다. 그 세월 속의 가운데토막을 무 자르듯 뚝 잘라 없애버리고 그 자리에 아무것도 그려져 있지 않은 흰 도화지를 끼워넣고 싶다.

어른이 되어 지나간 세월을 돌아다보며, 꿈을 다시 꾸어보는 일은 후회를 동반하는 일임은 자명할 것이다. 또 지나간 세월을 아무리 꿈속에서 되돌려 받아보았자, 그것은 어디까지나 담배 연기로 허공에 그리는 그림이요, 잠에서 깨어나면 한순간에 슬어 없어지는 허망한 꿈일 뿐이다. 컴퓨터에 고장 난 프로그램 하나를 다시 깔아 처음과 똑같이 만들어놓듯이, 이미 지나가버린 시간의 바로 그 자리에 대신 넣어 감쪽같이 만들 수 있는, 그런 일은 아니다. 그러면서도 지금도 여전히 나는 미련을 버리지 못하고 있다.

늦게 도착하여 환불을 받은 급행료처럼 대학생이었던 그 시간들의 극히 일부분만이라도 되돌려 받을 수 있는 무슨 방법이 있는 것은 아닐까. 혹시 내 삶의 어느 페이지인가에 분명히 그런 조항이 적혀 있는데도 무심한 내가 아직도 모르고 있는 것은 아닐까. 기차표 뒷면에서 이제야 읽은 것처럼, 자세히 보면 어딘가에 있을지도 모른다는 몽상을 나는 또 하고 있다.

저장 용량 부족

 가만히 앉아 있어도 땀이 배어나오는 이 한여름에, 두어 시간을 테니스장에서 뛰고나니 옷을 입은 채로 샤워를 한 꼴이 되었다. 코트 안에서야 서로 그러려니 하고 보아주지만 그런 모습으로 밖으로 나갈 수는 없을 일이어서 대충 옷을 갈아입으려고 탈의실로 들어갔다. 땀에 젖어 몸에 착 달라붙은 옷은 쉽게 벗겨지지 않아, 뒤집히거나 말거나 되는 대로 옷을 벗고 가방 속에서 갈아입을 옷을 찾았다. 그러나 가방 속에 옷이 없었다. 아침에 테니스장에 도착하여 구겨질세라 옷을 가방 속에서 꺼내 코트 한쪽 구석에 있는 옷걸이에 걸어놓고는 그 사실은 잊어버린 채 가방만 달랑 들고 탈의장으로 온 것이다.
 코트 반대쪽에 있는 그곳까지 다시 갈 것을 생각하니 앞이 캄캄하였다. 그러나 어쩌랴. 마음속으로 혀끝을 차면서, 집에 가서 세탁할 셈으로 아무렇게나 뭉쳐서 가방 속에 구겨 넣었던 젖은 옷을 주섬주섬 다시 꺼냈다. 그것을 도로 입자니 기분이 영 말이 아니었지만, 달리 무슨 수가 있는 것도 아니었다.

그렇게 어렵게 옷을 갈아입고 집으로 오는데, 이번에는 다시 무엇인가 꼭 빠뜨린 것만 같은 느낌이 들었다. 무엇일까 하고 이것저것 곰곰이 생각하다가, 아차 싶어 팔목을 보았다. 역시 시계가 없었다. 조금 전에 땀을 닦기 위해 풀어놓은 것까지는 생각이 나는데 그 후가 감감하다. 이런 한심한 노릇이라니 ….

어릴 적에 흔히 꿈을 꾸다가 깨어나면 앞뒤가 도저히 이어지지가 않아서 안타까웠던 기억과 흡사하다. 어디에 둔 것일까. 세면대 위에 놓은 것일까, 탈의장 바닥 어디인가에 떨어뜨린 것일까. 한숨을 들이쉬고 내쉬고 해보아도 도저히 생각나지 않는다. 우선 되돌아가서 찾아보는 수밖에 달리 방법이 없으므로 유턴을 했다. 그리고 잠시 가다가, 혹시나 해서 길 한쪽 편으로 비켜서서 가방 속을 다시 뒤졌다. 다행히 시계는 가방 밑바닥에 나동그라져 있었다. 나도 모르게, 또 다른 내가 한 짓이다. 스스로 생각해도 기가 차고 무안했다. "요즈음 나는 내가 아니야" 하고 듣는 이도 없는 허공에다 대고 지껄이며 스스로의 무안함을 얼버무렸다.

악이 악인 줄도 모르고 행하게 되는 악이, 악인 줄 알면서도 행하는 악보다 더 위험하다고 하던가. 악인 줄 알면서도 행하는 악이라는 것은, 어쨌거나 그럴 만한 이유라는 것이 있는 것이어서, 훗날 그 이유만 해소되면 다시는 같은 악을 저지르지 않게 될 가능성이 있지만, 자신도 모르는 채 저지르는 악이라는 것은 고쳐질 가능성이 없이 그저 속수무책일 뿐이라는 것이다.

자다가 벌떡 일어나 다시 생각해보아도 전혀 내가 한 짓 같지 않은 일들, 책임을 지고 싶지도 않거니와 또 질 수도 없는 일들이 속속 꼬리를 물고 일어난다. 어릴 적에는 철이 없어 그랬노라고, 좀더 자랐을 때는 넘치는 혈기가 빚어낸 일이라고 둘러댈 수도 있겠지만, 초등학교 6년 동안 통지표에 '기억력이 우수함'이라는 글자가 항상 큰 자리를 차지했던 나로서는, 이것은 이해할 수도 이해하고 싶지도 않은 일이다. 아니, 남이 이해를 해주는 것도 문제지만 그보다는 내 자신이 자신을 납득하는 일이 더 어렵고도 답답한 노릇이다. 살아온 몇 십 년의 세월이, 나를 훑고 지나간 무수한 시간들이 나 자신을 그렇게 만든 것이라고 세월 뒤로 내 몸을 숨기기에는 나는 아직 기억하고 싶은 일들이 너무도 많고 하고 싶은 것, 보고 싶은 것이 쌓여 있다. 내가 진정한 '나'인 채로 깨어 있는 시간이 절실히 그립다.

지난 밤, 워드프로세서로 일을 하다가 입력을 시켜놓고

자려고 '저장하기' 키를 눌렀더니 입력은 되지 않고 그 대신 화면에 '저장 용량 부족'이라는 파란 글씨가 나타났다. 현재 끼워 있는 플로피 디스켓으로는 그 용량이 부족하니 새로운 디스켓을 넣어달라는 신호였다. 서둘러 새 것을 찾아 넣었더니, 이내 기계가 활력을 되찾아 다르르다르르 하고 작은 구슬이 굴러가는 듯한 소리를 내며 본문을 읽어 내려가는 소리가 들렸다.

기계라면야 그렇게 간단히 갈아끼울 수도 있는 것이겠지만, 내게는 용량 부족이라는 신호가 계속 나오는데도 달리 손쓸 방법을 모르겠다. 그저 안타깝게 빈손만 비비는 짓뿐이다.

이튿날 아침 가지고 나가야 할 것들은, 밤중이든 새벽이든 할 것 없이 그것이 생각났을 때 현관에 갖다놓는다. 그것도 되도록이면 신고 나갈 신발 가까이에 놓아둔다. 핸드백을 뒤져보면 여기저기서 써먹지도 않은 메모지가 나온다. 탁상일기라든가 달력에는 깨끗한 날이 없이 무언가가 빼곡히 적혀 있다.

시계를 아무 데나 던져놓지 않고 가방 속에 넣었으니 그나마 다행이라고 애써 자신을 위로해보았지만 마음이 헛헛하기는 마찬가지여서 시곗줄을 팔목에 끼우는 손끝이 바르르 떨린다. '에라' 하는 심정으로 하늘을 보니, 하늘은 밝다 못해 눈이 부실 정도다. 조금 전까지 그렇게 험상궂은 얼굴을 하고 퍼부어대던 빗줄기는 언제 그친 것일까. 구름 사이에서 시치미를 뚝 떼고 내어다보는 하늘이, 아무리 장마철 하늘이라 해도 참으로 어이없다. 하늘도 나처럼 조금 전에 자신이 한 일을 까맣게 잊고 있는 것일까, 아니면 짐짓 시치미를 떼고 있는 것일까. 차라리 시치미를 떼는 것이라면 애교로 보아줄 마음이 내게는 얼마든지 있다. 나도 내가 잊은 것이 아니고 짐짓 시치미를 뗀 것이라고 누구에게나, 특히 나 자신에게 말하고 싶다.

축 처진 어깨를 하고 현관을 들어서는 나를 아이가 의아한 얼굴로 바라본다. 의학과 과학이 좀더 발달하면 엄마의 위장을 제일 먼저 갈아끼워야 한다고 말해온 아이다. 오늘 이야기를 들으면, 이번에는 엄마의 뇌도 갈아끼우자고 할 것인가.

막간의 연출

아래층 현관 입구에 설치된 옹색한 우편함 속에는 거의 매일이다시피 무엇인가가 잔뜩 들어 있다. 오늘도 마찬가지였다. 언뜻 보아도 대부분이 나에게는 별로 쓸데도 없거니와 관심도 없는 선전물에 지나지 않는 것들이다. 그러나 그것들을 차마 그대로 쓰레기통에 던지지 못하고 일단은 내 집 문 안으로 가지고 들어온다. 그렇게라도 하면 어쩐지, '문전박대'라는 말은 듣지 않을 것 같고, 찾아온 손님에 대한 최소한의 예의는 차리는 셈이라고 생각해서다. 거실로 들어와서는 선 채로 그것들을 가려내기 시작한다. 역시 거의가 그대로 버려도 좋을 것들이고, 시간이 날 때 천천히 한번 읽어봐야지 하는 것들도 더러 있어 골라낸 것을 책상으로 가지고 갔다.

그런데 문제는 거기에 있다. 책상 위에는 어제도 그제도 같은 생각으로 갖다놓은 많은 '읽을거리'들이 쌓여 있었다. 이런 것이 있었나 하고, 생판 처음 보는 것들도 여럿 있다. 순간, 쌓여 있는 숙제에 손도 대지 못하고 있다는 암담한 생각에 마음이 주춤거려졌다. 그러나 늘 그러하듯, 나는 오늘도 또 막연한 내일을 믿으며 그것들 위에 던져놓았다. '내일 보자는 사람 하나도 겁날 것 없다'며 내 뒤통수에 대고 손가락질하는 것 같아 마음이 움찔해졌다.

집안 여기저기 제자리가 아닌 곳에서, 내 손을 기다리며 어정쩡한 얼굴로 처박혀 있는 물건들, 옷장 속에서 뒤섞여 있는 옷가지들, 거의 매일같이 내게로 와서 처분만 기다리고 있는 책들, 내 평생에 꼭 익혀두고 싶어 마음속에 쌓아두고 있는 몇 가지 일들. 그것들이 내일로 모레로 다음달로, 또 내년 후년으로, 각기 그럴 듯한 핑계를 달아 자꾸 미루어지는 것이 점점 늘어난다. '내일은 꼭 해야지, 이번 주말에는 반드시 읽어야지, 다음달에는 시작해야지, 아니 언젠가 시간이 날 때 꼭 한 번 자세히 공부해두어야지', 생각만 야무지고, 돌아보면 어느덧 세월은 저만치 흘러갔다. 열흘이 눈 깜짝할 사이에 지나갔고, 한 달이 갔고 때로는 거짓말처럼 1년이 지나고 2년이 지나갔다. "너희들이 앉아서 생각만 하는 것을 우리는 행동으로 옮기고 있으니 우리가 너희보다 한 수 위다"라는 말로 아테네인들의 입을 틀어막았다는 스파르타인들에게 늘 박수를 보내고 싶어한다.

　사실, 마음속에나 생활 속에 쌓여 있는 일들을 자세히 살펴보면, 그렇게 많은 시간이 필요한 것은 얼마 되지 않는다. 우편물만 해도 그렇다. 주로 책 종류가 읽는 데 시간을 필요로 할 뿐, 다른 것들은 마음만 먹으면 그때그때 쉽게 처리할 수 있는 것들이다. 부엌으로 들어가기 전 잠시이거나, 한 가지 일을 끝내고 샤워하기 전 잠깐, 하나의 일에서 다른 일로 옮겨가는 작은 틈 사이를 잘 활용하면 따로 시간을 듬뿍 잡지 않아도 해낼 수 있는 일들이 많다. 이렇게 따져보면, 아침에 일어나 저녁 잠자리에 들기 전까지, 크고 작은 일과 일 사이의 자투리 시간을 주워모으면 꽤 긴 짬이 될 것이다. 얼마 전, 나는 집을 비울 형편이 못 되어 사무실에 나가지 못하고 대신 집에서 일을 한 적이 있었는데, 집안일과 일 사이, 사람들이 드나드는 짬짬이 사무실에서 해야 할 일을 해보았더니 사무실에 앉아 하던 일만큼을 거의 해낼 수가 있었다. 시간은 쓰기 나름이라는 생각을 다시 하게 한 날이었다.

　갓 마흔이 되던 해, 그해 여름 나는 운 좋게 한 달 넘게 세계 여러 나라를 여행할 기회가 있었다. 스위스의 융프라우 산자락의 야영지에서 야영하기 위해 우리는 독일의 한 지방 도시에서 이른 아침 길을 떠났다. 저녁 무렵이 되어 도착한 우리는 눈으로는 주위의 경관에 "어머나, 어머나"를 연발하면서도, 우선 텐트를 치고 밥을 지어 고픈 배를 채웠다. 그리고 뒤처리를 모두 끝내고 나서야 비로소 느긋하게 주위를 돌아보게 되었다. 어둠이 이미 발치까지 어둑어둑 찾아와 있는 산 아래 야영지에는 자동차의 번호판으로 알 수 있듯이, 여러 나라에서 모여든 형형색색의 캠핑카들이 가득 들어차 있었다.

둘레둘레 주위를 둘러보다가 나는 나도 모르게 흑하고 숨을 들이마셨다. 건너편 텐트에서 나이가 지긋한 부인이 작은 나무 간이의자에 앉아 돋보기를 쓰고 조용히 책을 읽고 있었다. 우리가 도착하여 텐트를 치고 밥을 지어먹는다, 뒤처리를 한다 소란을 떠는 동안에도 줄곧 그렇게 하고 있었던 것처럼, 주위 따윈 전혀 아랑곳없다는 듯한 분위기가 내게로 번져왔다. 이곳 멀리까지 어렵게 왔으니, 낯선 땅 하늘에 걸려 있는 구름과 내 등 뒤에 바싹 다가서 있는 산들의 풍광을 보는 것으로 충분하다고 애써 생각하려 했지만, 그것이 잘 되지 않았다. 그 동요의 정체를 확실히 알 수는 없었지만, 무엇인가 큰 손해를 보고 있는 느낌 비슷한 감정이기도 했다. 그저 멀리 긴 여행을 떠난다는 데에만 허겁지겁했던 자신의 뒤통수에 알밤을 한 대 먹이고 싶기도 했었다.

담북장

　　언제나 남의 일로만 여겨왔던 여러 가지 일들이 요즈음은 종종 내 주변에서 일어난다. 조금만 무리를 하여도 금방 몸이 아파오는 것도 그 중의 하나다. 낮잠은 물론 낮에는 드러눕는 일도 별로 없이 지내왔다. 감기도 서서 앓는다는 말이 어울릴 정도로 웬만큼 아파도 일어나 움직이며 해야 될 일은 하면서 지내왔다. 그러던 것이 이 근래에는 사정이 많이 달라졌다. 감기 몸살을 한 번 해도 꼭 하루나 이틀은 아무것도 하지 못한 채 자리에 눕게 되었다. 또한 사나흘이 지나도 도대체 낫지도 않는다. 나이를 먹었다는 증거라고 한마디로 체념해버리기에는 무엇인가 성에 차지 않는 구석이 있고 그 한마디에 나 자신을 묶어 던질 수 있는 아량이 아직은 내게 없다.

오늘로 꼭 열흘째 병원에 다니고 있다. 그러나 몸의 컨디션은 영 좋아지지 않고 있다. 그러니 자연히 짜증이 늘어난다. 게다가 어제부터는 양쪽 귀에서 이상이 느껴졌다. 온갖 세상의 소리들이 멀리 밀려난 것 같고 그 때문인지 몸이 부웅 공중에 떠 있는 느낌이다. 때때로 운동을 심하게 하다가 기운이 딸리면 그런 증세가 일기는 했었다. 그때마다 코를 꼭 쥐고 침을 삼키면 없어지곤 했기 때문에 어제도 그 방법을 재빨리 시도해보았지만 별 효과가 없었다. 그러더니 오늘 아침에는 한쪽 귀가 영 들리지 않는 것이다. 금속성의 무슨 소린가가 끊임없이 들리는 것 같기도 했다. 감기 끝에 올 수도 있는 증상이려니 하고 짐작은 하면서도 낮게 가라앉는 무거운 마음을 어쩔 수가 없었다.

"한 개를 벌었으면 한 개만 써야지요. 터무니없이 대여섯 개를 쓰려고 하니까 무리가 오는 겁니다."

의사의 말에는 납득도 수긍도 하고 싶지 않다. '지금껏 이런 일은 없었어요'라고 해보았자 그 다음에 나올 말은 뻔할 것이다. 입을 꾹 다물고 돌아와 오늘은 하루 종일 죽은 듯이 누워 있기로 했다. 마침 밖에는 비가 내리니 운동도 못할 것이고, 자잘한 일들로 우중 외출은 삼가는 편이 나을 것이라고 잠시 나이든 어른의 지각으로 자신을 달랜다. 그러면서도 누군가 다가와 묻기라도 하는 것처럼, 누워 있으면서도 아무렇지도 않을 이유를 자주 끌어와 댄다.

이제껏 강요되지도 않고, 보이지도 않는 것들에 언제나 쫓겨온 것 같다. '이것입니다' 하고 손바닥에 내놓을 아무것도 갖지 못했는데, 그러는 사이 내게도 가을의 스산한 바람이 어김없이 찾아온 모양이다. 으스스해서 도톰한 이불을 꺼내, 이유를 끌어다대듯 얼굴까지 덮어본다. 그러나 어딘가에서 끊임없이 찬바람이 기어들어온다· 난방을 하기에는 좀 이른 어중간한 계절의 탓이거나 아침부터 하염없이 내리는 비 탓만은 아닐 것이다. 외로움 같기도, 슬픔 같기도 한 것이 사방에서 나를 에워싼다. 이런 날은 담북장이나 한 뚝배기 보글보글 끓여서 그 따뜻한 냄새로 배를 채우고 싶다.

여름이 가고 찬바람이 얼핏 옷깃을 스치기 시작하면 어머니는 재빠르게 담북장을 띄우셨다. 그러고는 한 덩이 한 덩이 몫을 지어 싸놓으시고 우리를 기다리셨다. 기운도 없으신데 이런 일 이제 하시지 마세요, 하고 아무리 말씀을 드려도 듣지를 않으셨다. 내 힘이 이만큼이라도 있을 때, 하시며 절구공이를 들어올리셨다. 지금 가만히 생각해보면 그런 일들을 하시지 못하게 말릴 일이 아니었다. 체념과 포기의 뒤편으로 물러선 지금 어머니의 힘없고 막막한 얼굴을 뵙노라면 차라리, 힘들어하시며 쩔쩔매시던 그때가 나았나 싶기도 하다. 자식들의 생활권에서 점차 밖으로 소외되어가는 일렁대는 서러움을 콩을 삶아내듯 푹푹 삶아서 한 덩이 한 덩이 뭉텅이로 만들어 이 자식 저 자식 몫으로 해놓으신 것이다. 그곳 한 귀퉁이에 당신의 쓸쓸함을 한 뭉텅이 떼어내 집어넣으셨을지도 모르고, 또 한 귀퉁이에는 얼굴을 맞대고는 도저히 말로 표현할 수 없는 걱정스럽기만 한 어머니의 마음도 꾹 찔러넣으셨을 것이다. 아니 어쩌면 어머니가 밀어넣으신 것은 끝없는 두툼한 사랑인지로 모르겠다. 그러므로 해서 아직도 살아 있는 자신을 당신 스스로에게, 또 자식들에게 새롭게 확인시키고 싶으셨을 것이다. 푹푹 삶아서 따뜻한 곳에서 사나흘씩 띄운 콩은 이미 콩이 아니었다. 잘 떠서 진득하게 진이 생겨난 콩이 때로는 소금과 고춧가루가 섞여 돌절구 속에서 팍팍 찧어지면 새로운 것이 된다. 어머니는 아마도 이렇게 끊임없이 자신을 푹푹 삶아 띄우고 찧으시며 자신을 추스르셨는지도 모른다. 그리하여 계절이 바뀌기가 무섭게 한 덩이씩 자신을 비벼넣어 보내셨을 것이다.

    나도 내일쯤 툭툭 털고 일어나 담북장을 두어 사발 띄워야겠다. 어머니처럼 나누워 줄 자식이 많이 있는 것은 아니지만, 한 덩이씩 나누며 내 마음도 추슬러보고, 이제 담북장을 못 만드시는 어머니에게도 보내드려야 할까보다. 노리끼리하도록 진득하니 콩을 삶아내, 헌 담요로 꽁꽁 싸놓으리라. 돌절구는 없어도 플라스틱 분마기 속에서나마 낱낱으로 흩어지던 콩들이 서로 어우러져 덩어리가 될 것이다.

그 속에다가, 이제 자주 아파오는 이야기랑, 입술이 얇아져 쓸데없는 말이 많아진 이야기랑, 뻔뻔해진 이야기랑, 자신도 모르게 미움을 키워가는 쓸쓸한 이야기랑, 건망증이 많아진 이야기랑, 나를 스산하게 하는 이런 많은 것들을 비벼 넣으리라.

나는 이제 이렇듯 결코 내 것일 것 같지 않았던 이런 많은 것들을 내 것으로 내 마음 구석구석에 찔러넣어야 할까보다. 그리하여 이제는 더 이상 산뜻한 맛은 아니지만 구수하고 탑탑한 맛, 따뜻한 냄새로 어우러진 새로운 나를 사랑해야 할까보다.

눈을 감으면 조용한 방안으로 베란다의 홈통을 타고 흘러내리는 빗물 소리가 들릴 뿐이다. 여름이 슬쩍 넘어가는가 했더니 창 밖에는 썰렁한 바람 사이로 때 아닌 가을장마가 들어와 있다.

어머니 얼굴

어머니가 미국에 있는 아들네 집엘 가신 지 한 달이 다 되어간다. 문득 어떤 표정으로 거실에 앉아 계실지 궁금해졌다. 아직 이곳으로 돌아오실 생각을 하지 않으시는 걸까? 낯선 곳에 계실 어머니의 모습을 상상해보았다.

그러나 구부정한 뒷모습이라든지 길쭉한 얼굴의 윤곽은 쉽게 떠오르는데, 그 이상은 아무래도 생각이 나지 않았다. 어머니는 머나먼 땅, 아들네 거실에서 지금 어떤 표정을 하고 계실까.

전에도 이와 비슷하게 답답했던 기억이 있다. 초등학교 5학년 때였을 것이다. 칠판에 커다란 글씨로 '어머니의 얼굴'이라고 써 있던 미술 시간이었다. 책상 위에 도화지를 펴놓고 눈을 감은 채 나는 어머니 얼굴을 떠올리려고 애를 썼다. 그러나 웬일인지, 어머니의 눈 꼬리가 올라갔는지 내려왔는지, 입술이 얇은지 두꺼운지, 눈이 큰지 작은지 도대체 생각이 나지 않는 것이었다. 결국 내가 그려낸 것은 얼토당토않은, 우리 어머니가 아닌 나도 모르는 사람의 얼굴이었다.

훗날, 어쩌다가 그 일이 생각날 때마다 왜 그랬을까 하고 생각해보았지만, 그것은 결국 형편없던 자신의 그림 솜씨 탓이었다는 쪽으로 생각을 모았었다. 그러나 지금은 그림으로 그려낼 것도 아닌데, 미국의 아들네 부엌에 서계실 어머니의 얼굴이 생각나지 않으니 참으로 답답한 노릇이다.

가장 그럼직한 여러 가지 어머니의 얼굴을 떠올려보다가 문득 나는 몇 해 전 고향에서 본 어머니의 얼굴을 생각해냈다. 고향에 계시는 막내삼촌이 육순이 되신 생신 날, 어른들을 따라 내려갔을 때였다. 의례적인 일들이 대충 지나가고 다리가 아프셔서 누워계시겠다는 어머니를 남겨두고 선산을 돌아보시겠다며 일어서시는 아버지를 따라나섰다. 몇 군데 조상들이 묻히신 산을 돌고, "여기가 느이 엄마하고 내가 갈 곳이란다"라고 가리키시는 곳까지 둘러보고 내려오니, 어머니의 모습이 보이지 않았다. 바람이나 좀 쐬고 오마고 꽤 오래 전에 나가셨다고 했다.

어머니가 가실 곳이라는 데를 보고왔기 때문일까. 나는 갑자기 어머니를 금방 봐야 할 것 같아 찾아나섰다. 널따란 마당을 돌아나가자, 줄줄이 열을 서 있는 밭이랑 사이에서 구부정한 어머니의 뒷모습이 보였다. 이제 막 붉은 옷으로 갈아입기 시작한 가을 고추밭 속이었다.

어머니를 찾긴 했어도 당신이 영원히 가실 곳을 방금 보고 온 마음의 아린 여운 탓인지 나는 "엄마" 하고 큰소리로 부를 마음이 생기지 않아 말없이 다가갔다. 가까워 오는 인기척을 느끼셨는지 어머니가 고개를 드셨다. 그 순간 나는 그곳에서 한 아이의 맑은 얼굴을 보았다. 놀이터에서 흙을 만지며 정신없이 놀고 있던 아이가 엄마의 목소리를 듣고 올려다보던 바로 그때의 얼굴을 닮은 얼굴이었다.

다리가 아파 산에는 가지 못하고 아랫목에 누워 계시던 어머니는 곳곳에서 배어나오는 고향 내음을 참지 못하고 일어서셨을 게다. 슬그머니 일어선 발길이 고욤나무가 늘어섰던 뒤꼍을 지났을 것이고, 이미 흔적마저 없어진 미나리꽝을 어림으로 돌아서, 당신이 종가 맏며느리로 시집을 들어서던 그때부터 종종걸음을 치던 젊은 날의 당신 모습을 찾아 밭에까지 이르게 되었으리라. 그렇게 젊은 날의 당신의 시간 속으로 잠시 되돌아가신 어머니는 밭에 이르러 고추의 잔챙이를 따주고 쓰러져 있는 놈들을 일으켜 세우며 아픈 다리도, 이즈막의 무료도 잊고 계셨을 것이다.

모처럼 놀이터에 놀러 나온 아이가 미끄럼을 먼저 탈까 흙장난을 먼저 할까 이것도 하고 싶고 저것도 하고 싶은 마음에 눈을 반짝반짝 빛내고 있듯이, 어머니 또한 그렇게 젊은 날의 반짝이는 얼굴을 하고 계셨었다.

　지금쯤, 어머니의 얼굴이 고추밭 속에서 허리를 들어 나를 쳐다보던, 그 날의 얼굴이 되어 있었으면 하는 바람을 안아본다.

어머니 손

 오랜만에 친정엘 갔다. 현관문을 열어주시는 어머니의 얼굴에 반가움과 놀라움이 역력했다. 온다는 연락도 없이 웬일이냐는 것이다. "딸이 친정에 오는데 뭐가 그리 이상하우?" 하고 딴청은 부렸지만, 어머니의 얼굴에 반가움이 크면 클수록 죄스러운 마음은 더하다. 같은 시내에 살면서도 눈앞의 자질구레한 일에 밀려서 쉬울 것 같으면서도 자주 찾아뵙지를 못한다.

 이제 막 일어서신 듯 방안 한쪽에는 털실 뭉치와 기다란 대나무 바늘들이 그대로 놓여 있었다. "허리가 아프시다면서 뭘 또 뜨셔요?" 아이를 나무라는 선생님처럼 못마땅해하는 딸 앞에서 어머니는 주섬주섬 그것들을 치우시며, "으응, 그냥 심심해서" 하신다. 조금은 계면쩍어하시며 조심스럽게 털실을 감아 대나무 바늘을 꽂으시는 손등에 군데군데 돋아 있는 검버섯이 보인다. 그러고보니 어머니의 손등이 상당히 굽어 있는 것 같다. 나이가 드시니 굽는 것이 허리뿐만은 아닌 모양이다. 부은 듯이 둥그스레하게 굽어 있는 어머니의 손은 그저 퉁퉁하게 보일 뿐, 조금만 힘을 주어 쥐면 금방 푸석하고 소리를 내며 으스러져버릴 것만 같다. 긴 여름날, 대여섯 개의 이불 호청을 빨고 삶아 풀을 먹이고 하루 종일 다듬이질을 하시던 단단함은 이미 보이지 않았다. 말썽꾸러기 남동생의 등때기를 치시던 어기참도 이미 거기에는 없었다.

 그것이 몇 살 때던가. 한동안을 신나게 자다가 눈을 떠보니 어머니는 윗목에서 갈라진 손등에 글리세린을 바르고 계셨다. 나는 갈라진 손등 틈으로 내비치는 핏빛을 보고 이불을 뒤집어써 버렸다. 그때는 그런 어머니의 손을 보는 것이 그저 싫었을 뿐이었다. 그러나 지금 휘이 굽어 검버섯이 곳곳에 돋아난 부석부석한 손은 그때의 심정과는 의미가 또 다르게 고개를 돌리고 싶게 한다.

 평소에 워낙 기쁨이나 슬픔 같은 감정을 얼굴에 담지 않으시는 어머니다. 그러나 조금은 어색한 듯 "심심해서"라고 표현하시는 그 얼굴 뒤에서 무어라 말로는 나타낼 수 없는 속마음이 내비치는 것 같아 나는 막막한 기분을 느낀다. "너희들이 내 재산이다" 하시며 아버지의 월급을 가르고 쪼개어 10남매를 별 탈 없이 길러내셨다. 그 후 자식들 모두가 자기 생활이란 처마 밑으로 비바람을 피해 들어가 버린 뒤, 두 분만 남은 이 적막한 집에서 뜨개바늘을 들고 어머니는 한 코 한 코 무엇을 꿰고 계셨을까. 이렇게 이해해주고 저렇게 눈감아보고 뒤집어 생각해보았다가 거꾸로도 서보면서 끝없이 당신 자신을 토닥이시고 자식들에 대한 체념을 하나하나 엮고 계셨을까.

몇 번이나 되는지 헤아릴 수 없을 만큼 어머니의 손가락에 끼어 있던 금가락지가 어느 날 갑자기 없어지고 또 끼어 있다가는 없어지고 하였다. 조금 더 자란 후에야 그때마다 그것이 우리들 누군가의 등록금으로 들어간 것임을 나는 알게 되었다. 그렇게 숱하게도 어머니의 손가락에 금반지가 들락거리더니 예순을 넘기고서야 오팔(opal)인가 하는 돌이 박힌 반지가 어머니의 손에 겨우 자리를 잡았다. 그러나 그 후 지금껏 나는 그 반지를 쳐다보기가 싫다. 여자 손 치고는 꽤 굵은 뼈마디에 두꺼운 손등을 지니신 어머니다. 그러나 아무리 그렇다고 해도, 그런 어머니의 손에 알이 박힌 반지가 어울리지 않는다고 생각하는 것은 그 알의 크기가 어머니의 손에 비해 작기 때문만은 아닐 것이다. 이제는 영영 빼실 날이 없을 누우런 쌍가락지를 끼워드려야 하는 게 아닐까 하는 생각이 지배하기 때문이었다.

"그렇게 열심히 뜨시려면 차라리 손자 놈 옷이라도 떠주

시면 생색이라도 나잖우?"

　알팍하게 뱉어내는 딸의 말에 어머니는 아무런 말도 없이 그저 빙긋이 웃으신다. 시장에 가서 지폐 몇 장만 주면 예쁜 것이 많이 있는데 할머니가 떠주는 두껍기만 하고 멋도 없는 것을 누가 입겠냐 하시는 것도 같고, 또 요즈음 너희들이 내 것이라고 사다준 것을 입어보면 어딘가 맞지 않고 불편한 곳이 한두 군데가 아니니 내 손으로 넉넉히 품을 잡아 떠서 편하게 입으련다고 하시는 것도 같다.

　눈이 흐리시니 중간 중간에 코가 빠진 곳도 많을 것이다. 저 구부정하기만 하고 힘없는 손에 대바늘인들 옳게 쥐어지는지 그것도 의심스럽다. 하지만 어머니가 짜시던 것을 가까이 당겨서 펼쳐볼 용기가 나에게는 없다. 피가 내비치는 갈라진 손등에 글리세린을 바르시던 어머니의 손은 잠결에 보아도 무엇이든 해낼 수 있을 것처럼 힘이 그득했었다. 그러나 일흔을 훨씬 넘긴 어머니의 생기 없는 손에는 아직도 자식들에 대한 걱정스러움만이 차곡차곡 싸여 있는 것 같다. 그 손이 짜고 있는 스웨터 자락을 난 펴볼 수가 없는 것이다.

　이 겨울이 다 가도록 완성시킬 수 없을 것처럼 그렇게 느릿느릿하게, 어머니는 무슨 생각을 대바늘에 꿰고 계셨을까. 당신의 무릎을 떠나 당신의 손이 닿지 않는 곳으로 가버린 자식들 대신에 체념을 한 코 또 한 코 꿰고 계셨는지도 모른다. 어머니가 뜨고 계시는 것은 아마도 스웨터가 아닌지도 모르겠다.

뒤바뀐 연령기

"다리가 저리고 아파요" 하며 열일곱 살짜리 딸아이가 제 방에서 또 튀어나왔다.

평소에 하지 않던 운동이나 특별한 일을 한 것도 아닌데 아파서 견딜 수가 없다고 엄살이다. 하던 공부에 싫증이 났든지 몰려오는 졸음을 쫓을 수가 없게 된 것이 틀림없다. 책상 앞에 있는 것이 생활의 거의 전부가 되어야 하는 때이고보니, 다리가 저리고 아픈 것이 당연하리라 생각하면서도, 참을성이 그렇게 없어서야 하고 속으로는 혀를 끌끌 찼다. 그러나 그것도 마음속으로 뿐, 얼마 남지 않은 기말고사 날짜를 꼽아보며, "엄마가 조금 주물러줄까?" 하고 아이의 기분을 살피는 엄마가 되어 아이의 다리를 끌어당겼다.

한 해에도 오륙 센티미터 이상씩 키가 부쩍부쩍 자라나던 어릴 적 몇 해 동안에는 걸핏하면 다리가 아프다고 칭얼대었다. 그럴 때마다 어디서 주워들은 이야기로, 키가 크느라고 그런 것이야 하고 아이를 달래며 다리를 주물러주어 잠을 재웠다. 그러나 이제는 엄마의 키를 훌쩍 넘었고 그만큼 훨씬 길고 단단하기까지 한 아이의 다리를 한동안 꾹 꾹 주물러주다 보니, 이건 뭔가 거꾸로 되지 않았나 하는 느낌이 살짝 들었다.

"네가 엄마를 주물러주어도 시원찮을 때인데 잘못되었다고 생각하지 않니?" 주무르던 손가락 마디에 힘을 넣어 슬쩍 꼬집었다. 그러나 아이는 한 술 더 뜬다.

"허리도 아프고 어깨도 결리고, 온 데가 쑤시고 저린 걸 보니까, 엄마 내가 지금 바로 갱년기인가봐. 그지?" 해놓고, 제 말에 저도 우스운지 깔깔 소리 내어 웃는다. 하도 어처구니가 없어서 따라 웃다보니 때 아닌 웃음소리가 거실을 메웠다. 계속되는 웃음소리에 궁금한 것은 참지 못하는 남편이 조용히 있을 리 없다. 방에서 슬며시 나와, 귀에 꼽고 있던 이어폰을 반쯤 벗어들고, 무슨 재미있는 일이라도? 하는 표정이었다.

남편은 벌써 여러 달째 돋보기를 쓴 채 귀에다 이어폰을 끼고 노래 연습에 한창이다. 시작은 딸아이가 음악 시간에 배우고 있는 한 독일 가곡의 독일어 발음을 고쳐주는 것이었는데, 어느덧 같이 따라 부르게 되었다. 그런 것이 이제는 그 자신이 주인공이 되어 오디오가 놓인 방과 피아노가 있는 방을 오가며, 그 곡뿐만 아니라 슈베르트의 연가곡 「겨울 나그네」를 마스터하겠노라고 피아노를 짚어 음을 잡으며 연습에 열중하고 있는 것이다. "음정이 틀렸어요" 하며 딸아이가 구박(?)을 하든 말든, "시끄러워요" 하며 내가 잔소리 섞은 핀잔을 하든 말든 아랑곳없다. 한 소절을 익히는 데도 상당한 시간을 필요로 하는 노래 솜씨이니, 그 큰 전곡을 대충이라도 따라 부를 수 있게 되는 날이 언제쯤이나 되는지 어림조차 잡을 수가 없었지만, 어제와 다르게 조금씩 또 조금씩 제 음을 찾아가서 귀에 익은 멜로디로 어우러져 한 소절 두 소절 이어지는 것을 듣고 있노라면 언젠가 끝은 있으리라 믿게 된다.

 열 번이고 스무 번이고 같은 음, 같은 소절을 반복하며 끈질기게 부르고 또 부르는 그의 노랫소리에 점점 힘이 실리는 것을 들으며, 젊은 시절에는 그렇게 두드러지게 내가 느끼지 못했던 소년 특유의 무구한 점이 요즈음 들어 남편에게서 꽤나 자주 밖으로 나타나고 있다는 것을 느끼기도 하였다.

 어느 날인가, 퇴근길에 남편은 고운 색깔로 예쁘게 물든 종이로 접어 만든 카드를 한 장 들고 들어왔다. 접은 곳을 폈더니 완전히 파인애플 모양이 되는 입체 카드였다. 평소 딸아이가 더 이상 크지 말았으면 하는 것을 턱도 없이 마음

속에 깔고 사는 남편이다. 색종이 접기를 하던 어린 딸아이가 생각나 사들고 들어왔을 것이다.

"이 카드 예쁘지?"

그러나 아빠의 속마음을 읽기에는 아직 나이가 좀 모자라는 딸이다.

"아휴! 그게 뭐가 예뻐요? 유치해요. 그런 것을 예쁘다고 하시니 아빠가 확실히 나보다 더 어린가봐요."

아이는 혀를 쏙 내밀고 쏜살같이 제 방으로 도망을 가버렸다. 할 말이 없어진 것은 남편이나 나 마찬가지였다. 그렇잖아도 요즈음 걸핏하면 "엄마는 사춘기인가봐!" 하며 나를 놀려대는 일들이 잦아지고 있는 참이었다.

생활 속 많은 일들에서 나는 리듬감이라는 것을 상당히 중요하게 여긴다. 살아가노라면 예상치 못한 일들이 툭툭 터지기 마련이지만, 그런 일들이 일어나 내 리듬을 깨뜨릴까봐 언제나 전전긍긍하는 편이다. 하다못해 감기에 걸린다든지, 위병이 생긴다든지, 집에 뭐 고칠 곳이 생긴다든지 하는 것들도 그 일 자체의 어려움보다 그 일로 인해 깨져버리는 내 일상의 리듬을 걱정한다.

그런데 점점 내 리듬을 깨는 일들이 일어나는 횟수가 많아지고 있다. 그때마다 나는 마치 노래자랑에 나와 노래하다가 제 박자를 놓쳐 애매하게 마이크만 잡고 허둥대는 사람들처럼 그렇게 허둥대곤 한다. 그러다보면 자연히 나 자신이 싫어지고, 따라서 의욕도 점점 줄어들게 된다. 자연히 우울한 날들이 이어지기 마련이다. 그런 일들이 잦아질수록 제 일상의 리듬을 타는 날들은 적어지게 된다. 신경 끝이 뾰족해질 대로 뾰족해져서 조그만 말 한마디에도 쉽게 상처를 받고 슬퍼한다. 터무니없는 일로 남편에게 따지려들고 토라진다.

그럴 때마다 딸아이는, "엄마는 이제야 사춘기인가봐" 하며 놀려댄다.

이런저런 일로, 별수 없이 남편은 지금 소년기에 있고 나는 사춘기에 있으며, 열일곱 딸아이는 갱년기에 있다고 인정해야 할 판이다. 이상한 가족이다.

작가의 말

　오랫동안 스스로 내키지 않아 미루고 또 미루어오기만 하던 숙제 하나를 끝냈다. 생각 같아서는 "숙제 끝!" 하며 두 손을 높이 쳐들고 하늘을 향해 환성이라도 올려야 할 것 같은데, 그게 그렇지가 않으니 이상하다.
　네모난 200자 원고지 한 칸 한 칸을 메우며 글쓰기를 시작했다. 그것이 워드프로세서를 거쳐, 이제는 컴퓨터 화면을 들여다보며 키보드를 두드리기에 이르렀다. 그동안의 세월이 어느덧 20년 남짓이 되었다.

　여기저기 흩어져 있는 글들을 찾아 한 권으로 묶는 작업을 하며, 다시 한 번 새삼스럽게 나 자신을 돌아보았다. 많은 생각들이 머릿속을 비집고 들어왔다가, 새벽안개처럼 흩어져갔다. 어느 날인가는 더없이 행복했고, 또 어느 날인가는 속울음 속으로 깊이깊이 가라앉기도 했다.

　그러면서도 그런 '나'를 그러모아 한 권의 책으로 만들 용기를 이렇게 내었다. 곁에서 가족들이 등을 떠다민다는 이유만은 아닐 것이다. 이쯤에서, 나 또한 내 자신이 어떻게 생겼는지, 어떻게 살아왔고 또 어떻게 살아갈 속셈인지 확인이라도 하고 싶었는지도 모르겠다.

　나는 철저하게 '글은 곧 그 사람이다'라고 믿는 사람이기 때문이다.

　아무것도 아닌 이런 글들을 이렇게 한 권의 책으로 엮게 하고, 추천사까지 써주신 우송 김태길 선생님께 엎드려 인사를 드린다.

　그리고 손수 바쁜 걸음 하시며 애써주신 〈철학과현실사〉 사장님, 꼼꼼하게 편집 실무를 담당해주신 여러분께 머리 숙여 감사드린다.

2007년 5월

권 일 주

권 일 주(權一周)

청주여고와 연세대(영문학과)를 졸업한 뒤 출판사 〈춘추사〉를 경영했다. 한국문인협회 회원, 한국번역가협회 정회원으로 있으면서 일본어 번역 프리랜서로 활동하고 있다. 제1회 「월간 에세이」 에세이스트상을 수상하였으며, 『다시 태어남을 위하여』(공저), 『있음의 흔적』, 『떠오르는 빛』, 『나무로 만나 숲으로 서다』를 펴냈다.

■ E-mail : ililjoo@hanmail.net

낮에 나온 반달

초판 1쇄 인쇄 / 2007년 6월 20일
초판 1쇄 발행 / 2007년 6월 25일
■
지은이 / 권　일　주
펴낸이 / 전　춘　호
펴낸곳 / 철학과현실사
서울특별시 서초구 양재동 338의 10호
전화 579—5908∼9
■
등록일자 / 1987년 12월 15일(등록번호 : 제1—583호)
■
ISBN 978-89-7775-634-2 03800
*잘못된 책은 바꾸어 드립니다.
*지은이와의 협의에 따라 인지를 생략합니다.

값 9,000원